韓国と日本の歴史地図

民族の源流をたどる

武光　誠

INTELLIGENCE PLAYBOOKS

はじめに

今日、韓国が急速に私たちの身近なものになってきている。平成一四年（二〇〇二）の日韓共催のサッカーワールドカップはその一例である。

平成一三年（二〇〇一）の一二月二三日の天皇誕生日を前にして、天皇が記者会見で「私自身、韓国とのゆかりを感じています」と語った。そのことは、桓武《かんむ》天皇の生母が百済《くだら》（古代の朝鮮半島にあった小国）武寧王《ぶねいおう》の子孫であることにもとづくという。

確かに平安京をひらいた桓武天皇の生母の高野新笠《たかののにいがさ》は、渡来系（朝鮮半島からの移住者）の文人の家の出身である。古代にきわめて多くの渡来人が来ているから、日本人の大部分は何らかの形で韓国系の血をうけているといえる。

今日、買物、韓国風あかすり、韓国料理などを目的に大韓民国を訪れる観光客がふえている。国内でも焼肉屋などの、韓国系料理を出す店が目立つようになった。

しかし、私たちは平均的な韓民族が日本に対してもつ感情に意外に無関心なのではあるまいか。昭和六〇年（一九八五）に、私は東京大学の伊東俊太郎《しゅんたろう》教授（科学史専攻）を団長とする日本人学者訪韓団の一員として大韓民国を訪れた。

そして、大韓民国の政治家、財界人との会談のたびに、「私たち韓民族は日本の植民地支配により大きな苦しみをうけた」とするスピーチを聞かされた。日本人は、韓国に三度、不法な侵略を行なった。倭寇、豊臣秀吉の朝鮮出兵、日韓併合である。

日韓の近代化にいたる歴史をみると、明治時代の時点の日本が、韓国を力づくで支配しうる能力を有していた理由がわかる。しかし、日韓併合を断行したのは誤った判断であった。

韓民族が植民地支配を離れ、近代化をとげてから久しい。今後、日韓は互いの文化、習俗の違いを理解しつつ、親しい関係を築いていかねばならない。本書では地図などを多く用い、日韓の歴史をわかりやすく解説した。これが今後の日韓親善の一助となれば幸いである。

なお、本書に出てくる韓国の固有名詞で日本読みできるものは右に平仮名でルビをふり、そうでないものには（ ）の中の片仮名で韓国語の読みを記した。

平成一四年三月

武光　誠

韓国と日本の歴史地図／目次

はじめに　3

第1章　近くて遠い国　13

1　韓国の独自の歴史と文化　14
日本の六割の国土と人口／韓国の分裂と王朝交代／近代化のありかた

2　日韓の生活の共通項　19
食文化の基本／チョゴリ・パヂとチョゴリ・チマ／夏向きの住居と冬向きの住居

3　アジアのはずれの民族　23
移住と混血／韓民族の三つの系統／ウラル・アルタイ語族の広まり

4　固有の信仰と外来信仰　28
日本と精霊崇拝／韓国の古代の宗教／仏教から儒教に

5 中国文化の受容と独自性 32
独自の文化を育てる／中国文化をつたえたみち／文字の伝来

6 韓国と封建制度 37
封建制と日本の近代化／韓国の中世／両班と武士

7 日本の商業と手工業 41
韓国の農村社会／荘園制と商工業／江戸の豪商と工場制手工業

第2章 日韓の未分化の時代 45

8 原人と土器の起こり 46
朝鮮半島の原人／新石器時代の開始／縄文土器の出現

9 稲の来たみち 50
雑穀の広まり／韓国の稲作／縄文人と稲

10 弥生人の渡来　54
古朝鮮の起こり／衛氏朝鮮と弥生人／弥生文化の広まり

11 中国勢力の侵入　60
秦漢の世界帝国／武帝の世界政策／楽浪郡の繁栄

12 倭と韓の発展　65
後漢朝の成立と対外政策／三韓の起こり／後漢の後退と公孫氏の自立

13 邪馬台国の時代　69
高句麗の成長／魏朝の東方経営／卑弥呼の使者

14 朝鮮三国の成立　73
中国勢力の後退／楽浪郡、帯方郡の滅亡／百済、新羅の成立

15 大和朝廷と朝鮮半島　77
七支刀と百済／好太王の活躍／苦境に立つ日本

16 加耶諸国の滅亡 82
加耶諸国の役割／任那日本府と渡来人／加耶の滅亡

第3章 古代国家の成立と日韓の分離 89

17 新羅の成長と大化改新 90
新羅律令の制定／聖徳太子と隋／大化改新と対外関係

18 新羅の統一 94
韓国文化圏の誕生／白村江の戦い／新羅、唐の対決

19 統一新羅と渤海 101
渤海国の起こり／新羅の支配の特性／日本と新羅、渤海の交流

20 平安王朝の繁栄と新羅の滅亡 106
藤原仲麻呂の新羅遠征計画／新羅文化と国風文化／三国の対立

21 高麗の北方経営と両班制　111
渤海の滅亡／科挙のはじまり／高麗の儒教と仏教

第4章 高麗から李朝へ　117

22 モンゴルの高麗侵入　118
女真人との戦い／武臣の反乱／開京の陥落

23 蒙古襲来と高麗軍　122
鎌倉幕府と武士の成長／モンゴル軍九州へ／敗れたモンゴル軍

24 倭寇と李朝の成立　127
倭寇の発生／海賊の時代／高麗の滅亡

25 李氏朝鮮の繁栄　131
両班支配の確立／あいまいな両班／領域の拡大と文化の育成

26 李朝と室町幕府 136
足利義満の使者／優遇された使節／三浦の乱
27 党争と朝鮮出兵 141
東人と西人／秀吉の使者／空虚な出兵
第5章 江戸から明治へ 147
28 徳川氏と国交の再開 148
徳川家康の見識／宗氏の役割／幕府支配の安定
29 朝鮮通信使と文化交流 152
二重の外交関係／対馬藩と東莱府との交渉／通信使のみた日本
30 江戸の繁栄と韓国 157
三都の発達／李氏朝鮮の農業と商業／松平定信と朝鮮通信使

31 李朝の混乱 163
両班支配の変質／勢道政治の開始／頻発する民乱
32 欧米列強の接近 168
韓国と天主教／江戸幕府と外国船／韓国への外圧
33 明治維新と大院君政権 172
ペリーの来航／明治維新の意味／大院君政権の成立
34 江華島事件と韓国の開国 177
韓国への外圧の高まり／征韓論と大院君の失脚／江華島事件
35 日清戦争と清国の後退 181
日韓貿易の拡大／閔氏政権と東学党／敗れた清国軍
36 日露戦争と日韓併合 186
韓国の民族派と日本との対立／日露戦争の起こり／日韓併合

37 日本の統治と南北分断 192
武断統治と韓国民衆／三・一独立運動と民族運動の高まり／南北分断と朝鮮戦争

38 日韓の今後 198
日韓の近さ／神道と儒教／経済交流の時代

■カバー写真
「混一彊理歴代国都地図」――常盤歴史資料館
■章扉写真
「七支刀」――石上神宮
「朝鮮通信使行列絵巻」「亀甲船復元模型」――佐賀県立名護屋城博物館
「金銅弥勒菩薩半跏思惟像」「慶州・武烈王陵碑」――韓国観光公社
DTP・図版作成――ハッシイ

第1章　近くて遠い国

金銅弥勒菩薩半跏思惟像

1　韓国の独自の歴史と文化

■日本の六割の国土と人口

韓国は、日本にとって最も近い外国である。しかし、いまの日本人の大部分は韓国についてよく知らないのではあるまいか。今日の朝鮮半島には、約七〇〇〇万人の人口があり、そこでは中国とも日本とも異なる独自の文化が育ってきた。さらに、ごく例外的な時期（前漢〜後漢と元朝、近代日本の支配）を除き、そこの民族は他民族の支配をうけることのない独自の歴史を歩んだ。こういったことでさえ、思いのほか知られていない。いままでも、韓国の文化と中国の文化を似たものとしてみている者もいる。

本書では、「韓民族の国」という意味で「韓国」のタイトルを使っている。

朝鮮半島の住民をあらわす語に、「韓民族」と「朝鮮民族」との二通りの言葉があるが、「韓」も「朝鮮」も、本来はかれらが自称した美称である。

今日、朝鮮半島は朝鮮民主主義人民共和国と大韓民国とに分かれている。日本人の中には、前者が朝鮮で後者が韓国であると考えている者もいるが、この見方は正確ではない。さらに、「朝鮮」を日本人がつくった隣国に対する蔑称とする誤った考えもある。

しかし、正しくは「韓」も「朝鮮」もともに朝鮮半島の人びとが古い時代に生み出した誇りある名称とすべきである。そして、「韓」がより本来のものに近いといえる。

朝鮮民主主義人民共和国と大韓民国とをあわせた国土の面積は、約二二万平方キロメートルで、それは日本の約六〇パーセントにあたる。日本の約六割の国土と人口を有し、独自の文化を保有する集団が韓民族なのである。このような韓国の歩みと、日本との交流を学ぶことが、私たちの国の特性を知ることにつながることはまちがいない。

■韓国の分裂と王朝交代

韓国の歴史の大まかな流れを、日本、中国の歴史と比較する形で年表にしてみた。もともとの朝鮮半島の住民は、「韓」と自称していた。この他に夫余《ふよ》、濊《わい》、沃祖《よくそ》などの、古い時代に北方から朝鮮半島に南下してきた集団がいた。紀元前二世紀末には、中国人が侵入して楽浪郡《らくろうぐん》などの植民地を立て、ついで騎馬民族が立てた高句麗《こうくり》がめざましく成長した。

そして、韓とよばれた地域に、馬韓《ばかん》、弁韓《べんかん》、辰韓《しんかん》が立った。

このあと、後で詳しく述べるような諸勢力の抗争があり、七世紀に朝鮮半島の大半は新羅《しらぎ》に統一された。しかし、そのころ北方で渤海《ぼっかい》が立った。

この両者がならび立つ時代を、朝鮮半島の南北朝時代ととらえる説もある。このあと、一〇世紀になって高麗《こうらい》の手でひとまず朝鮮半島の統一が成る。

しかし、朝鮮半島の北部と南部との間で、異質な要素も多い。さらに南部の東がわと西がわとの間でも異なるものがある。こういった地域間では、文化の違いやそこの住民の感情的対立が根づよく残った。朝鮮半島が、高句麗、百済《くだら》、新羅に分かれていた三国時代(78頁の地図参照)の図式が根づよく残されたのである。

高麗のあとに、「李氏朝鮮《りし》」や「李朝」とよばれる朝鮮が立った。そして、そこでハングル、韓国料理、族譜《ぞくふ》などの韓国独自の文化、風習が育てられた。

ついで、日本が武力を背景に韓国を植民地化した不幸な時代をへて、第二次世界大戦後、朝鮮半島は社会主義をとる朝鮮民主主義人民共和国と自由主義の大韓民国とに分かれた。

このような韓国の歴史を概観すると、それと日本史との一つの大きなちがいに気づく。日本では、三世紀はじめに起こった大和朝廷が早い時期に全国統一を完成させている。

そのため、比較的早い時期から天皇家を核とした日本を一つとする民族意識がつくられた。これに対し、韓国では一〇世紀にようやく国内が統一された。さらに、そこではいく度か王朝交代がなされた。

中国・韓国・日本略年表

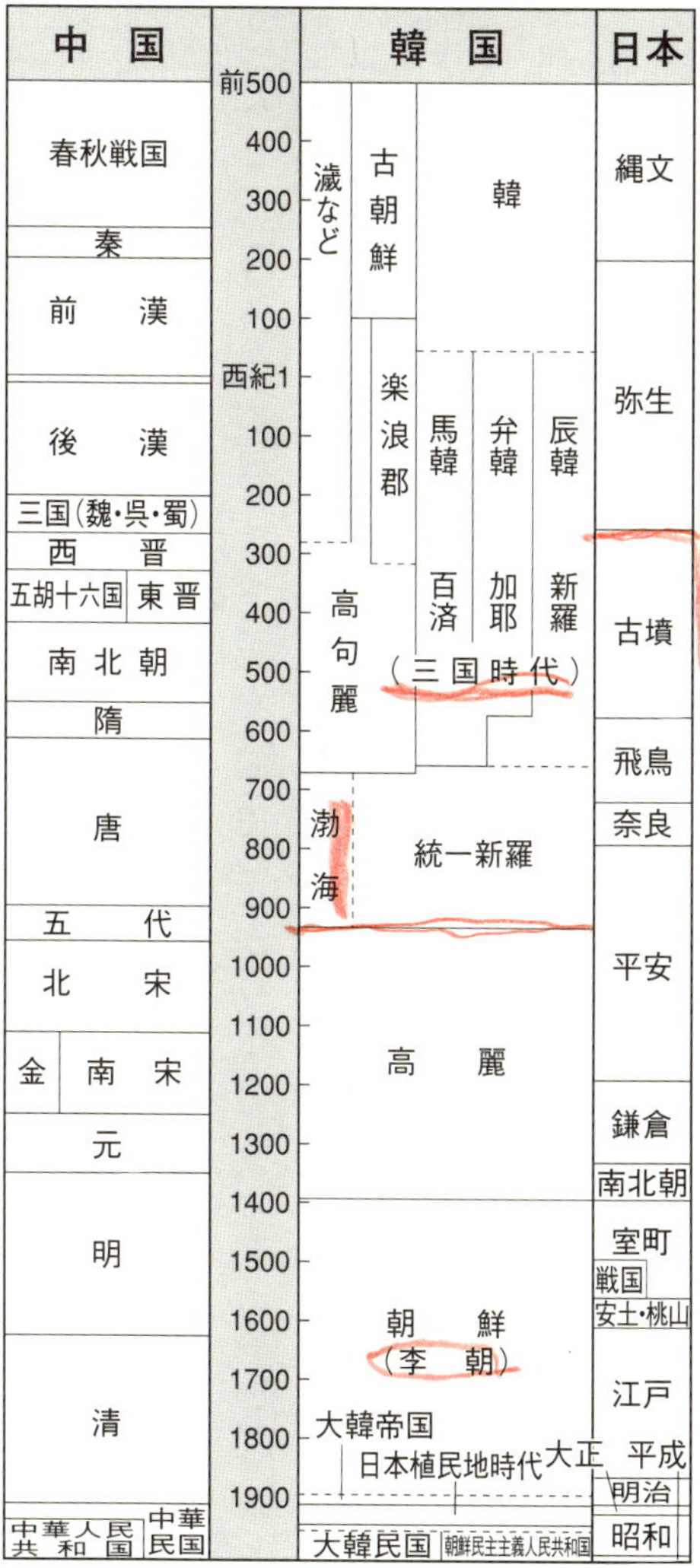

このことが、両者の歴史や文化をちがったものにしたことはまちがいない。

■近代化のありかた

日本と韓国の歴史のもう一つの大きな相違は、両者の近代化の過程にある。日本は、明治維新によって、すみやかに産業革命と軍備の近代化をなしとげた。これによって、欧米の先進国にならって植民地支配に乗り出せたのである。

それに対し、韓国は近代化の波に乗り遅れ、二〇世紀はじめに日本の支配をうけることになった。このちがいが、何によるものかは歴史の中から注意深く検証していかねばならない（第5章参照）。しかし、李朝支配のもとで西欧の技術の輸入もはかられており、日本のよけいな干渉がなければ韓民族は独力で近代化をなしえた。

江戸時代までの日本人が、韓国をすぐれた文化をもつ国と尊重していたことも見落としてはならない。戦後の高度経済成長期に、日本は経済的に韓国より優位に立ったが、今日、半導体、自動車など多くの先進技術の分野で韓国が日本に追いつき、追いこしつつある。

今後の日韓両国の良い関係を築くために、以下でこれまでにあげた二つのちがいに重点をおきつつ両者の歴史をみていきたい。

2　日韓の生活の共通項

■食文化の基本

日本と韓国の文化は、互いにきわめて近い関係にある。それは、ともにアジア人がつくった文化である点や、両者が中国から多くのものを学んだ点からくるものである。

さらに、日本の人びとと韓国の人びととの頻繁な行き来が、両国の文化の交流をうながした面も見落とせない。

今日、私たちはふつう日本料理と韓国料理とはまったく異質なものと考えがちである。日本食の味つけは淡泊で、近年まで日本人はトウガラシやニンニクを多く用いた料理を好まなかった。

しかし、よくみていくと韓国の食文化が日本のそれとよく似ていることに気づいてくる。味噌、醤油、酒、漬物、塩を用いた干物など、日本と韓国とに共通する食文化は多い。

近代以前の二国の衣食住

	日本	韓国
食	米飯、漬物、味噌汁、肉食なし	米飯、漬物、味噌汁、肉食、トウガラシ添加
衣	和服（着流し、袴着用）	チョゴリ・パヂとチョゴリ・チマ
住	風通しの良いつくり	オンドルを用いる、男子室と婦人室とを分ける

どちらの食生活も、米飯、漬物、味噌汁を基本におき、それにおかずを添える。近代以前の韓国では肉食がなされたが、日本では明治維新後に肉食が広まったとされる。しかし、厳密にいえば、肉食を厳しく禁じたのは江戸幕府であり、戦国時代以前の日本人はそこそこ肉を食べていた。

なお、韓国の人がトウガラシを多用するようになるのは李朝の時代である。このことから、日韓のちがいを知る鍵として、江戸時代と李朝時代とが浮かび上がってくる。

■チョゴリ・パヂとチョゴリ・チマ

韓国の民族衣裳の基本は、男性のチョゴリ・パヂ、女性のチョゴリ・チマ（今日の日本では「チマチョゴリ」のよび方が一般化している）である。チョゴリは、袖のついた丈《たけ》の短い上衣であり、パヂはズボン、チマは長いスカートである。

この組みあわせは、古代から近代までうけつがれたもので、それらは北方の騎馬民族の衣服にならってつくられたものとされる。新羅の時代に貴族が唐風の衣服を用いたことがある。また、元朝の支配のもとの高麗では、モンゴル風の衣服が採用された。

しかし、そういった外来のものは定着しなかった。

これに対して、日本では七世紀末に採用された唐風の衣服が長い年月をかけて簡略化される形で和服がつくられている。日本と韓国は、衣服の面では、全く異なる形で中国の風習とかかわったといえる。

■夏向きの住居と冬向きの住居

日本と韓国の近代以前の建築は、中国のものを多くうけ入れる形でつくられてきた。瓦屋根や土壁は、中国からきたものである。そして、古代に中国にならって巨大な寺院をおこしたときに用いた建築技術が、日本と韓国の木造の建築物の技術の基本として長くうけつがれた。

しかし、両者の気候のちがいから、日本と韓国の家づくりのありかたは異なったものになった。日本家屋は、夏を涼しくすごすために、風通しのよいものになっている。障子《しょうじ》をあければ、室内と屋外の境がなくなるのである。

これに対し、韓国の家屋は厳しい冬にそなえて、気密性の高いものになっている。さらに部屋全体の床を暖める、韓国独自のきわめて効率的な暖房設備であるオンドルが工夫された。

オンドルは、三国時代の高句麗でつくられたのではないかといわれる。

さらに、韓国の伝統的な民家は、必ず男子室の舎廊房（サランバン）と、婦人室の内房（アンバン）とを分けていた。相互の自由な出入りは禁じられていた。このような習俗は、日本にはみられない。

こういった日常生活の面での日本と韓国とのちがいを押さえておくことが、これから述べる両者の歴史上のかかわりを探るためのたいせつな手がかりになる。

3　アジアのはずれの民族

■移住と混血

朝鮮半島と日本列島とは、アジアの東のはずれといった位置にあった。それゆえ、そこにアジアのあちこちから多くの移住者がきた。

さらに、朝鮮半島はいく度か中国東北地方（満州）や中国本土からの征服をうけた。こういったことによって、さまざまな系統のアジア人の混血によって韓民族と日本民族とがつくられていくことになった。

日本民族はおおむね表に示したような三系統の人びとから成り立っている。

日本列島に古くから縄文人がいたところに、水稲耕作の技術をもった弥生人が大量に渡ってきた。そして、縄文人と弥生人が混血して日本人の原形ができ、かれらが大和朝廷のもとに統一された。弥生人は、古代に韓《かん》とよばれた地域の住民に近いとされる。

名　称	日本に来た時期	出　自
縄文人	約三万年前	シベリアから日本に南下
弥生人	紀元前二世紀	朝鮮半島南部から移住
渡来人	五・六世紀	朝鮮半島から移住

そして、大和朝廷の発展期である五、六世紀にきわめて多くの渡来人がきたため、渡来人も日本人の先祖として扱われる。かれらは、韓にいた古くからの朝鮮半島の住民と中国系や騎馬民族系の人びととが混血した段階の朝鮮半島の住民である。

■韓民族の三つの系統

古代の朝鮮半島には、さまざまな勢力の侵入がみられた。古くからの朝鮮半島の住民が生活していたところに、北方から騎馬民族系の人びとが、西方から漢民族が侵入してきたのである。

そのいきさつについては第2章で詳しく述べよう。三世紀の段階で朝鮮半島は多くの勢

3世紀の朝鮮半島

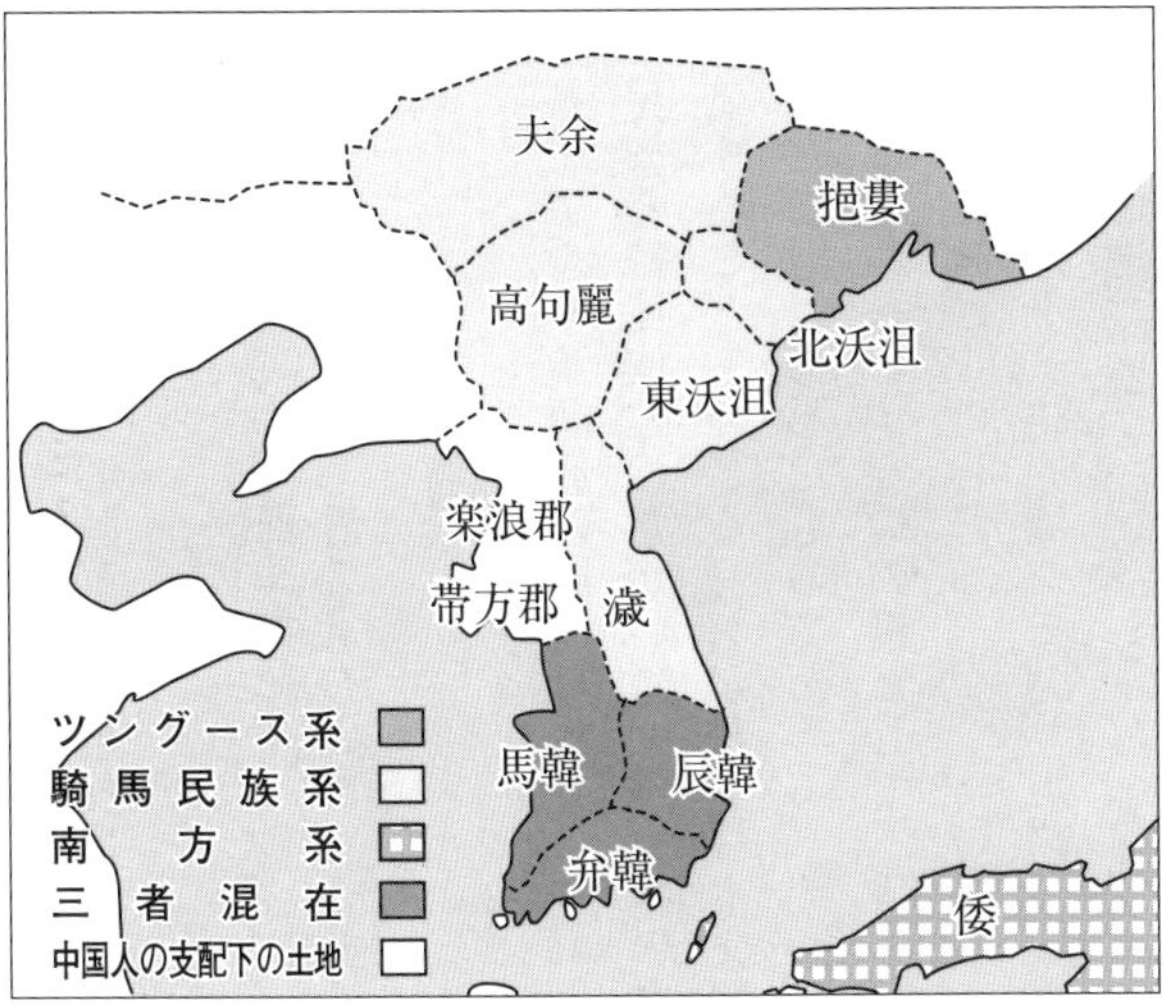

力に分裂していたが（地図参照）、その時期の国々の文化や習俗について、中国の文献（『三国志《さんごくし》』東夷伝《とういでん》など）に詳しい記述がある。

　それによると、朝鮮半島の北部にツングース系の文化がつよい地域（挹婁《ゆうろう》）と、騎馬民族系文化がつよい地域（高句麗など）とがあったことがわかる。そして、朝鮮半島南部では日本列島のものと共通する南方系文化とツングース系・騎馬民族系の北方系文化との三者が混じりあっていた。

　この他に、中国の植民地である楽浪郡《らくろうぐん》と帯方郡《たいほうぐん》とがあった。

　こういったことをもとに、もっとも簡

略な説明をとれば、

「韓民族は、もとからの朝鮮半島の住民と、北方系の人びとと中国人とが混血してつくられた」

ということになる。古代のツングース系の人びとは、今日のシベリアなどにいるツングース系の少数民族につらなる人びとで、かれらのもつ文化は、騎馬民族のそれとかなり共通性をもつ。

■ウラル・アルタイ語族の広まり

日本民族と韓民族とのちがいは、縄文系の血は日本人にしかうけつがれなかった点であると評価することもできる。しかし、日本文化の主な部分は弥生時代以降、朝鮮半島からきた人びとがもたらしたものである。

そのことをあらわす一つの例として、日本語と韓国語がともにウラル・アルタイ語族に属していることが上げられる。

ウラル・アルタイ語族は、モンゴル語、トルコ語、ハンガリー語、韓国語、日本語などから成る、中国語圏を除くアジアの大部分に分布するものである（地図参照）。そして、

ウラル・アルタイ語の分布

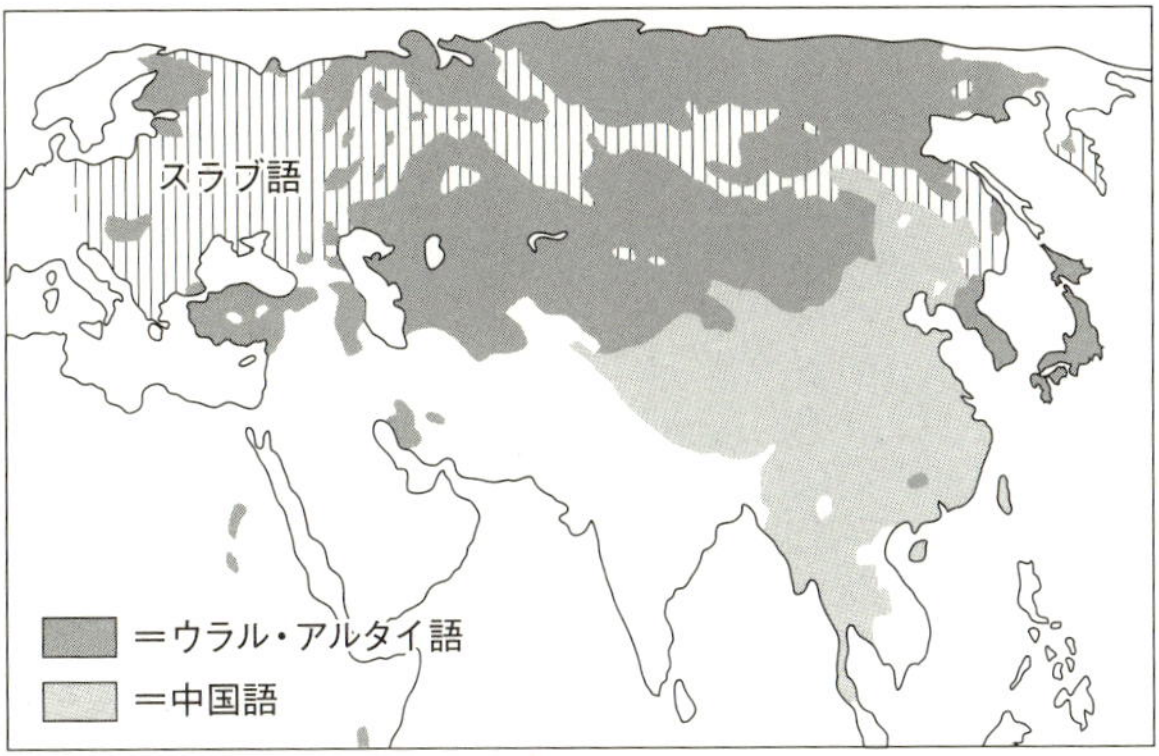

中国語は韓国語と全く異質な言語であるとされる。

ウラル・アルタイ語族の中でも、日本語と韓国語との共通点は多い。文法がきわめて似ており、いずれも多様な敬語法や人称代名詞の使い分けをとる（「だ」と「です」を使い分けたり、相手に応じて「わたくし」、「わたし」、「ぼく」、「おれ」などを用いること）。

ところが、日本語と韓国語とに共通する単語は少ない。ナラ、コオリ、ムラ、シマ、クマなどの例がわずかに上げられるだけである。このことは日本民族の成り立ちにかかわる重要な問題である。一つの考えとして、弥生人の渡来のときに、それまで縄文人が用いていた単語はそのまま受けつぎ、文法などを弥生人がもちこんだ新たなものに改める営みがなされたとみる説がある。

4　固有の信仰と外来信仰

■日本と精霊崇拝

今日でも、日本人の生活の中に神道的要素がつよく根づいているように思える。正月の初詣をはじめとする、神道的な年中行事がひろく行なわれており、神道の最高の祭司とよぶべき皇室が日本人に愛されている。

神道は、縄文人のもつ精霊崇拝（アニミズム）から発展したものである。縄文人はすべての自然現象を神々のはたらきととらえ、多くの神をまつった。

かれらの身近に山の神、川の神、風の神、水の神などがおり、人間や動物は霊魂をもち死後に神になるとされた。

日本では、仏教などの外来の信仰はさまざまな形で固有の精霊崇拝と融合しつつ今日にうけつがれてきたといえる。

■韓国の古代の宗教

人類学者は、どの民族も最初に精霊崇拝の段階があったと想定する。そして、古代の文献から韓国にも日本のものと共通する精霊崇拝的な固有の信仰がいくつかあったことが明らかにされている。

『三国志』東夷伝は、高句麗や濊《わい》や韓で天神と地神とをまつっていると記している。神々を天神《あまつかみ》、国神《くにつかみ》に分ける発想は、日本の『古事記《こじき》』などにもみられる。

新羅では、六世紀はじめに花郎（ファラン）の習俗が発展している。山深い地に入って山神と交霊した花郎を人びとの指導者として尊ぶものである。

これは、山伏《やまぶし》（修験者《しゅげんじゃ》）に代表される日本の山岳信仰と共通する発想にもとづくものである。このような山の霊と交流する習俗は山伏が出現する平安時代末につくられたものではない。

古代には神をまつる役割をもつ者は、神々の住む山奥で修行していた。そしてのちに山伏の世界にだけこの習俗がうけつがれたとされるのである。

儒教・仏教文化圏の範囲

■仏教から儒教に

四世紀に、韓国に仏教が伝わっている。その後、仏教が朝鮮半島に普及したが、仏教と固有の信仰との対立は表面化しなかった。新羅では、仏教と花郎の習俗の融合がはかられている。

しかし、高麗が立つと仏教が護国鎮護の法とされ、国家のあつい保護をうけるようになった。そのため多くの寺院が建立され、有力な寺院が広い寺領を占有するようになった。この動きの中で、固有の信仰は大きく後退した。

ついで、李氏朝鮮が儒教を国教としたため、一四世紀以後、仏教の排斥がなされるようになった。そのため寺院の地位は大きく後退した。

もっとも寺院のもつ土地は没収されたが、個人的に仏教を信仰する者はいた。さらに、固有の信仰にもとづく年中行事ものこったが、李朝では教育の面でも社会の指導原理としても儒教を第一とする考えがつよかった。

韓国の民族意識が高まったときに、固有の信仰が熱狂的に広まる例がある。一四世紀のモンゴルの侵入に反対する運動の中から、平壌地方の韓国土着の神である王倹《おうけん》仙人の信仰が爆発的に流行した。

また、後（35項）で述べる近代の東学党《とうがくとう》の民族運動も、儒教と固有の民間信仰を融合させたものに、仏教、道教をとり入れた東学のうえに立つ宗教運動であった。

そして、韓国の固有の信仰は民族意識を高めても、王家の支配を正当化するものではなかった点に注意したい。

それゆえ、韓国では天皇家と神道とが結びついたような形の、王家を支えた時代を越えて受けつがれる宗教が作られなかった。このことが韓国の歴代の王朝を短命にしたとみてよい。

5　中国文化の受容と独自性

■独自の文化を育てる

ヨーロッパ人がアジアに進出する前は、東アジアの中心は中国にあった。中国でつぎつぎに先進文化がつくられ、それが周辺の諸国に広がっていったのである。

漢字、儒教など、中国古代に生まれ韓国と日本の歴史に大きな影響をあたえたものは多い。しかし、韓国も日本も「小型の中国」になったわけではない。

いずれの国の人びとも、中国文化を学びそれを独自のものと融合させたり自分なりの工夫を加えたりしていくつもの新たなものを生み出した。日本人が仮名を、韓国人がハングルを作ったのは、その一例である。中国との交流がなければ、日本人はヨーロッパ人の来航まで文字をもたなかったかもしれない。

日本でも韓国でも、中国指向のつよい時代とそうでない時代とがあった。平安時代はじめの貴族たちは中国語で物事を考え、漢文で公式の文書をつくっていた。ところが、そのありかたへの反発から、平安時代なかばに国風文化がうまれ、『源氏物語』などの仮名文学が書かれた。

韓国では李朝時代に中国指向がつよまり、儒教が重んじられた。韓民族の家系の重視は、李朝時代の儒教政策から生じたものであるといえる。そして、いまの韓国の大部分の家では「族譜（チョッポ）」とよばれる一族の家系を詳しく記した書物をたいせつにうけついでいる。それにもとづく宗親会《そうしんかい》（チョンチンフェ）などの一族の交流もさかんである。

■中国文化をつたえたみち

古代にあって、日本人は朝鮮半島から中国の先進文化を学んでいた。日本人（当時「倭《わ》人《じん》」とよばれた）の朝鮮半島への往来がさかんになるのは、紀元前後である。

このあと、青銅器、鉄器、絹織物をはじめとする多くの先進文物が朝鮮半島から日本にもたらされて、日本の経済・文化の発展に大きく貢献した。日本人が中国までおもむくことは、ほとんどなかった。

聖徳太子が活躍した七世紀はじめになって、ようやく日本と中国との直接交流のみちがひらかれた。しかし、その時代にあたる飛鳥時代を代表する京都市広隆寺《こうりゅうじ》の弥勒菩薩像《みろくぼさつぞう》は新羅からの輸入品である。（ゆえに扉の写真の新羅仏ときわめて似ている）

このことからもわかるように、中国との交流がひらかれた後にも、日本人は朝鮮三国の学者や渡来系の人びとから学問を学び、朝鮮半島としきりに貿易していた。つまり、韓国は日本の古代文化を育てた恩人といえる。

そして、統一新羅が成立する七世紀末になって、ようやく日本は中国と直接交流し、新羅と別のみちを辿る方向をさだめた。このときから、日本と韓国の文化が異なる発展をはじめたといえる。

■文字の伝来

日本と韓国の文化が中国文化の影響をうけて育ってきたことはまちがいないが、中国文化の広まりが思いのほか遅いことに注意する必要がある。そのことを示す例として、漢字の広がりについて説明しよう。

中国で文字がうまれたのは、紀元前一二世紀ごろであるといわれる。それは、甲骨文字《こうこつ》とよばれる絵文字であった。これが、金文《きんぶん》という絵画風の文字から篆書体《てんしょたい》、隷書体《れいしょたい》をへて、

4・5世紀の金石文字の伝来経路

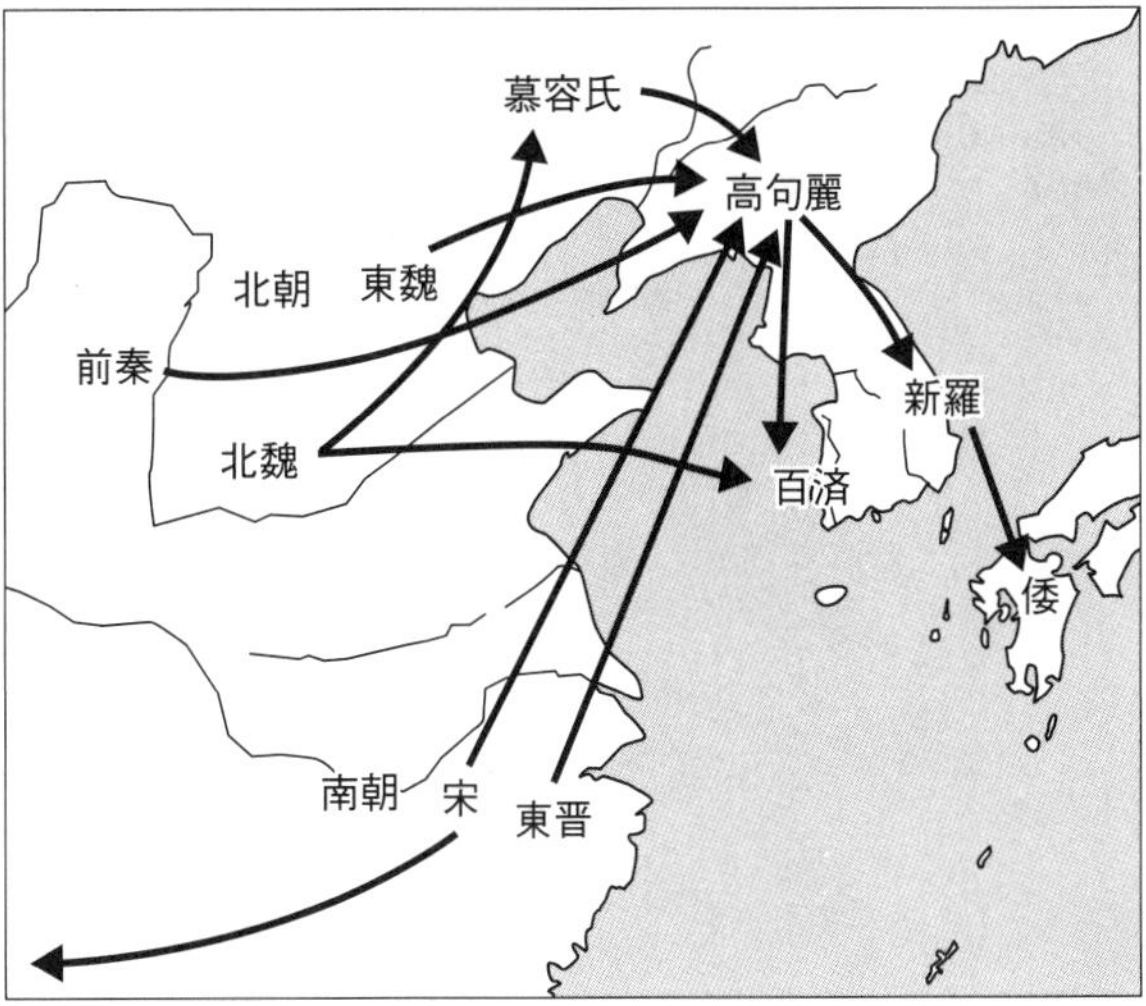

使いやすい今日の日本で使われるような楷《かい》書体《しょたい》へとかわっていった。

楷書体ができたのは、南北朝時代（三一六―五八九）のころであるとされるが、中国で楷書が普及した時期に、ようやくそれが東方に広まりはじめた。現存する高句麗の最古の金石文が四一四年に書かれた「好《こう》太王碑文《たいおうひぶん》」である。

「好太王碑文」には、わずかながら隷書体風の文字がのこっている。百済や新羅の金石文が多くなるのが、六世紀である。三六九年のものとされる「七支刀銘文《しちしとうめいぶん》」は百済で書かれたものとみられるがそれはきわめて短いものである。日本には、四七一年のものとされる「稲荷山古墳出土鉄剣銘文《いなりやまこふんしゅつどてっけんめいぶん》」

があるが、それも短文である。日本における金石文の普及は六世紀末もしくは七世紀はじめごろである。

韓国や日本の古代人が、隷書体以前の文字を知らなかったわけではない。かれら自身が漢字を便利な使いやすいものと感じ、日常生活に必要としたときにそれをうけ入れたのである。

邪馬台国などが中国との外交のための文書をつくったことはあったろうが、そういったものは文字を知っている中国系の学者に頼む形でつくられた。〝卑弥呼《ひみこ》〟とそのまわりの人びとは、漢字のような難しいものを身につける必要はないと考えていたのだろう。

国際性をもつ仏教が韓国や日本に広まっても、きわめて中国的な道教はほとんどうけ入れられなかった。こういったことも、韓国、日本、中国の三者は別の文化圏であることをしめしている。

これから述べる韓国、日本の二者と中国との文化交流の歴史は、この視点を基礎に考えていかねばならない。

6　韓国と封建制度

■封建制と日本の近代化

今日の日本の歴史家の中には、封建制が日本の近代化に大きな役割をはたしたとする評価をとる者がいる。日本の封建制は、平安時代なかばに荘園制の形でつくられた。

荘園制のもとで村落など小地域を支配する武士どうしの競合があり、かれらはより良い立場につくことを求め、武芸に励み領地の産業を育成した。そして、戦国動乱をへたのち、一国ていどの領域を支配する大名がならび立つ幕藩制《ばくはんせい》がつくられた。

この体制のもとでも、藩どうしが競いあった形で産業、文化が発展していった。つまり、一〇世紀から明治維新まで、朝廷や幕府はあっても、日本では自立した武士団や藩が分立する形がつづいた。

そして、このような地方に拠る小勢力の競合の中で蓄えられた力が、明治維新による国の統一とともに近代化の原動力になったというのである。このような荘園制から明治時代にいたる歩みは、ヨーロッパ中世の封建制の中から近代社会が生み出される動きにきわめて似ている。

■韓国の中世

韓国の歴史をみると、そこに日本の荘園制や幕藩制に似た形がみられなかったことがわかってくる。もっとも、国がちがえば支配の方式がちがうのが当然だ。

ゆえに、韓国には荘園制から幕藩制への流れとは別のみちすじで近代化した歴史の流れがあったとする考えもとれる。今日の韓国の歴史家の間では、つぎに示したような時代区分をとる者が多い。

原始時代	古代	中世	近代
先史時代	古朝鮮、夫余	三国時代〜李氏朝鮮	李氏朝鮮末期以後

これに従えば、百済や新羅が立った四世紀に封建制がつくられていたことになる。しか

し、実際には三国時代と統一新羅時代には王のもとで古代的な貴族政治がとられていた。少なくとも統一新羅もしくは高麗の前期あたりまでの韓国のありかたは、きわめて古代的なのである。

■両班と武士

近代化する前の韓国では、「両班」（ヤンバン）とよばれる門閥による支配がなされてきた。日本によって李朝支配の幕がひかれたとき、両班の地位は否定されている。両班の性格は時代によってかわっているが、この両班を日本の武士に相当するものとみることができるのだろうか。

両班の登場は高麗のもとの一一世紀であるから、武家支配のはじまりと両班支配の開始とは、おおむね同時期であったことになる。

しかし、日本の武士は一つの領域を押えるものである。それに対し、両班はもともとは官僚を出す家柄であった。武士の独立指向がつよかったのに対し、両班は王の指導のもとにまとまる傾向をもった。

しかも、武士は武芸を第一としたのに、両班はおおむね学問で身を立てる形をとった。

このちがいが、日本と韓国の歴史をちがったものにした。

武家支配のもとで日本はいったん小地域ごとに自立したのちに、まとまった。それに対し、韓国の支配層はつねに中央指向をもった。韓国でも地主層の勢力がつよく、地方ごとに独特の文化が育ったのは確かである。

しかし、「一国一城の主となることを目指す」武士の生きかたと、中央での出世を究極の目的とする韓国の有力者の発想とは確かに異なる。そして、このことが韓国の政界に多くの政争を生むことになるが、その詳細はこのあとていねいに明らかにしていこう。

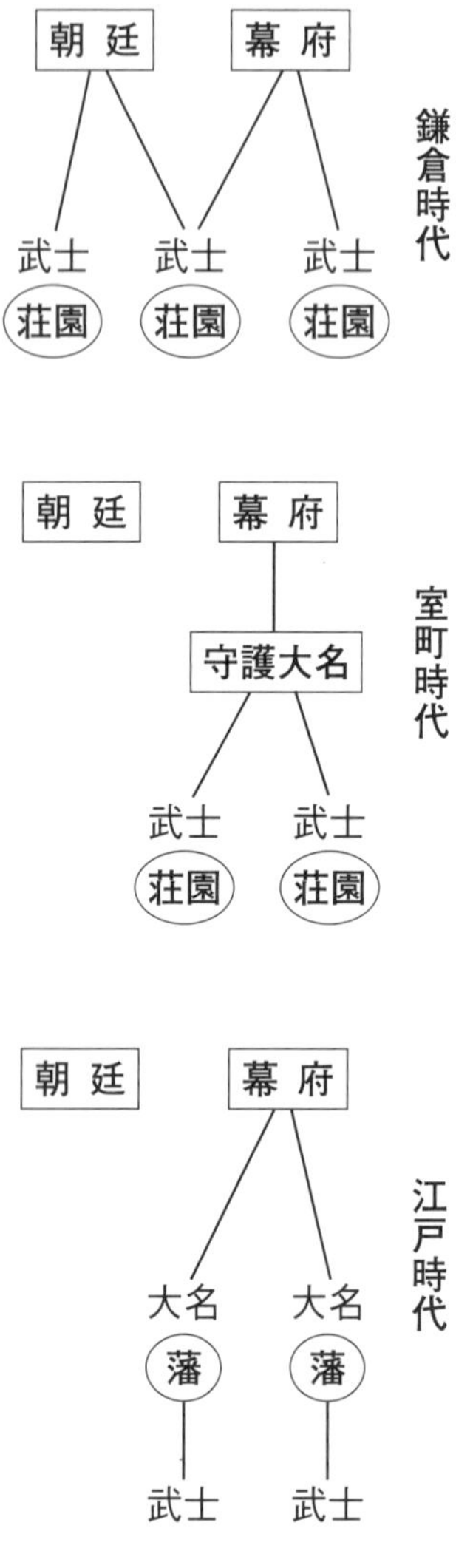

7　日本の商業と手工業

■韓国の農村社会

日本史を知る者の目からみれば、近代に入る前までの韓国の社会が農業を基礎とするものであったことがみえてくる。韓国ですぐれた手工業が育っていたことは、確かである。また商人の活動もさかんであった。

しかし、近代以前の韓国史に商工民の姿がほとんどみえてこないのである。韓国の支配層の最大の関心は、いかにして農民を支配するかという点にあった。

そして、両班と小農民とのあいだに越えられない壁があった。李朝時代の両班の最大の望みは、儒学を身につけて科挙《かきょ》（官僚の登用試験）で良い成績をとり、王の支配のもとで高位高官に昇ることであった。

科挙のための学問は、産業の育成に必要な実学ではない。

■荘園制と商工業

江戸時代までの日本の主要な産業も、農業であった。そして、農村ではきわめて閉鎖的な村社会（ムラ社会）が形づくられた。

そして、支配するがわの武士と支配されるがわの農民との区別は、確かにあった。しかし、中世のはじまりとともに、固定した社会の枠を破る方向を指向する形での商工業のめざましい発展がはじまった。

親から小さな農地しかもらえなかった武士は、何をしても代々広い農地を支配する有力な武士に勝てなかったのではない。原野を開発して田畑をふやすことも、商工業を育成して自領を豊かにすることもできたからである。

中世になると、天皇家を頂点とする朝廷は自分たちが先進地である京都を押えていることに着目するようになった。そして、商工民を座《ざ》に組織して支配し、かれらの活動を保護した。朝廷の保護のもとで、商工民が全国的に活躍することになったのである。

このようにして先進技術や交易権を独占することに成功したために、中世をつうじて天皇家が重んじられたのである。

後の「26李朝と室町幕府」などで述べるように、日本人が中世にしきりに韓国と行き来しているが、これは貿易をつうじて自領を富ませたいとする武士の欲求からなされたものである。

戦国時代以降、日本人の活躍はアジア各地に広まっている。

日本人の海外発展（安土桃山時代～江戸時代初期）

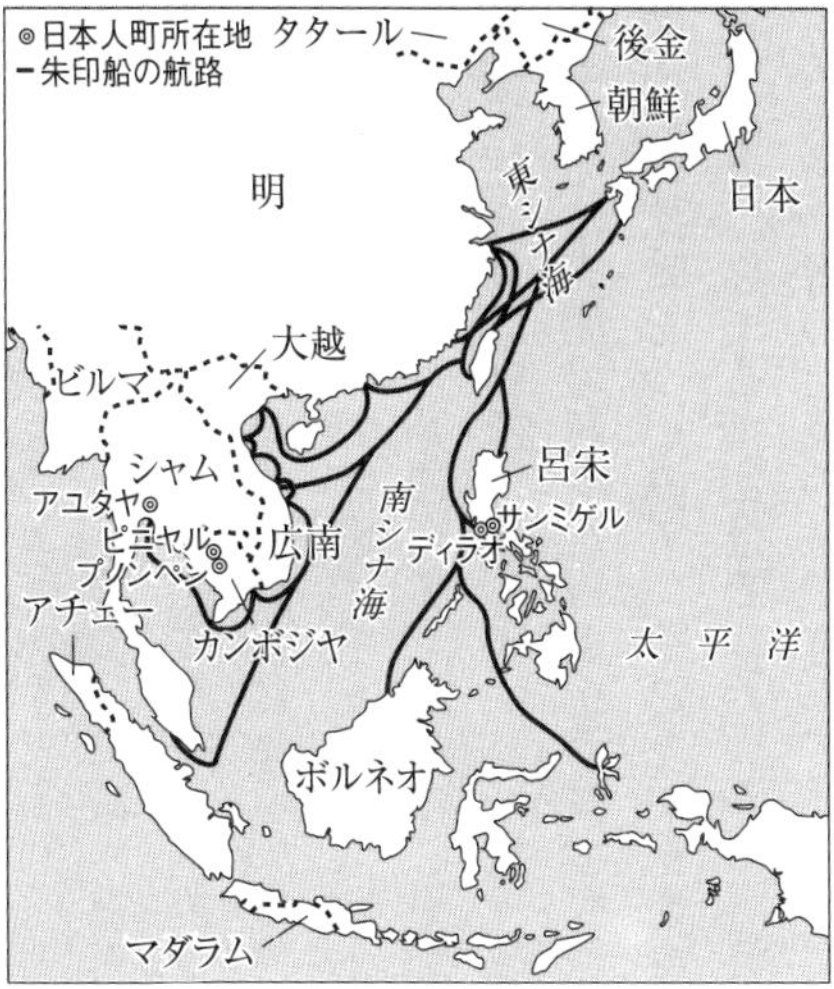

■江戸の豪商と工場制手工業

江戸幕府のもとで国内の治安が安定すると、商人の活動がさかんになった。全国の物資がすべていったん大坂にあつめられ、そこから各地と交易される商業圏がつくられたのである。

手広く商業を営んだ、豪商とよばれる成功者も多く出た。淀屋《よどや》、鴻池《こうのいけ》、住友《すみとも》などで、かれらは大名をしのぐ勢いをもっていた。

士農工商の身分制はあっても、それは名ばかりのものになっていたのである。

江戸時代後期に大きな建物に多人数の職人をあつめて営まれる工場制手工業（マニファクチュア）がつくられていたことも、重要である。これによって灘《なだ》の酒造や桐生《きりゅう》、足利《あしかが》などの絹織物業が、大規模な経営による大量生産の形をとるようになったのである。

この形にヨーロッパからの機械を導入すれば、近代的な工場制機械工業ができる。明治時代の日本がすみやかに産業革命をなしえた理由の一つに、江戸時代の工場制手工業の広まりがあげられている。

日本史では表面の政権後退のかげに、つねに商工業の発展があった。このことを韓国のありかたと比較しつつみていくことが重要である。

このあと、いままであげたいくつかの特性に着目しつつ、古代から近代までの日本と韓国の歩みや両者の交流の歴史をみていこう。

第2章　日韓の未分化の時代

七支刀

8　原人と土器の起こり

■朝鮮半島の原人

人類は、猿人《えんじん》から原人《げんじん》、旧人《きゅうじん》をへて、現在の人びとと同じ体型をした新人《しんじん》に進化したといわれる。いまのところ、日本列島では旧人の存在はおおむね認められているが、原人の遺跡は現在のところみつかっていない。

宮城県の築館《つきだて》町の上高森《かみたかもり》遺跡、高森《たかもり》遺跡などが約五〇万年前から七〇万年前の原人の遺跡ではないかといわれたこともあるが、それが誤りであったことがのちに検証された。いまのところ、日本列島最古の人間の存在をしめす考古資料は、約四万年前の旧人の段階のものである。

そして、約三万年前に新人の時代がはじまってのちの旧石器《きゅうせっき》時代の遺跡はかなりある。

これに対して、朝鮮半島では原人や旧人の遺跡がいくつもある。最古のものは平壌（ピヨンヤン）市黒隅里（コムンモン）洞窟と蓮川（ヨンチョン）の金谷里（チョンゴンニ）遺跡で、それらは約五〇万年前から約四〇万年前ごろまでの間の原人がのこしたものとされる。

さらに、約一〇万年前の旧人の人骨が徳川（トクチョン）の勝利山（スンニサン）洞窟から出土している。旧人の遺跡はその他にいくつかあり、丹陽（タニャン）のスヤンゲ遺跡からはきわめて多様な石器がみつかっている。

■新石器時代の開始

新生代の日本列島と、朝鮮半島とは、時には陸つづきになり、時には行き来可能な水路でへだてられる形をとっていた。そのころの日本と韓国とはきわめて近い関係にあったといえる。それゆえ、朝鮮半島で原人の遺跡が出ていることからみて、日本に原人がいた可能性はきわめて高い。

ただし、原人から旧人、旧人から新人への交代がどのようないきさつでなされたか明らかでない以上、黒隅里洞窟などの原人がいまの韓国人や日本人につらなるとは速断できない。

朝鮮半島の旧石器時代の遺跡

しかし、遺跡の連続性からみて、朝鮮半島の新人段階の旧石器人が、のちの韓の住民につらなることはまちがいない。旧石器は石を打ち欠いてつくったものであるが、人類はやがて「新石器」とよばれる表面をみがいた石器を用いはじめるようになった。新石器時代のはじまりである。新石器時代に土器もつくられるようになっている。

朝鮮半島における新石器と土器の出現は、紀元前六〇〇〇年ごろではないかといわれている。最初の土器は隆起文《りゅうきもん》土器（ふちの部分に指でつまみ上げたりした装飾をつけた土器）とよばれる。

ついで紀元前四〇〇〇年ごろから櫛目文《くしめもん》土器（くしで刷《は》いたような文様のある丸底の土器）が、朝鮮半島の広い範囲に広がった。

この土器は、当時の東北アジアに広く分布していたツングース系の文化をとり入れてつくられたのではないかと考えられている。

■縄文土器の出現

日本列島では、朝鮮半島より約六〇〇〇年早く新石器時代が訪れている。いまのところ最古の縄文土器は紀元前一万二〇〇〇年ごろのものとされているのだ。そして、縄文文化はすみやかに日本列島に広がった。

このことから縄文文化が朝鮮半島からきたものでないことは明らかである。縄文時代の始まる約二〇〇〇年前（紀元前一万四〇〇〇年ごろ）に、シベリア東方からカムチャッカ半島、千島や樺太をへて細石刃《さいせきじん》とよばれる鋭い石器が広まっている。

細石刃の出現を、中石器時代の始まりととらえる説もある。縄文土器は、細石刃をつたえた人びとが日本列島でうみ出したものであるらしい。つまり、中石器時代から弥生時代直前まで、日本と韓国の文化は系統を異にするものになっていたのである。

9　稲の来たみち

■雑穀の広まり

朝鮮半島では、紀元前二〇〇〇年ごろから大がかりな雑穀の栽培が広まったことが確かめられている。その時期の鳳山（ボンサン）の智塔里（チタムニ）遺跡では、約〇・五リットルのヒエが炭化した形でまとまって出土した。

そこからは、石製の鋤《すき》、鍬《くわ》、鎌《かま》といった農具も出土した。このことによって、そこの住民が大規模なヒエ畑をつくっていたと考えられた。これにくらべて縄文時代の農耕のありかたは、きわめてあやふやである。いまのところ、雑穀栽培が行なわれた遺跡で日本列島最古のものは、北海道南茅部《みなみかやべ》町臼尻《うすじり》B遺跡である。そこの住居の床面からアワとヒエの種子がみつかっている。これは、紀元前二〇〇〇年ごろのものである。

この報告から日本と韓国で、ほぼ同時期に雑穀栽培がはじまったといえないこともないが、事はかんたんではない。この時代の日本で出土する雑穀の量は少ない。ゆえに、縄文人は農耕を重んじなかったように思えるのである。

巨大な建物で知られる青森市三内丸山《さんないまるやま》遺跡の人びとは、集落の近くに人為的にクリ林をつくりクリを食べていたとされている。そこのクリの栽培は、紀元前三五〇〇年もしくは紀元前三〇〇〇年ごろから行なわれていたことになる。しかし、クリもアワ、ヒエも縄文人の主食とはならなかった。かれらは海辺に本拠をおき、かんたんに大量にとれるサケ、マス、イルカや貝類を主に食べていた。

■韓国の稲作

日本より寒冷で食料の確保しにくい朝鮮半島の人びとは、より熱心に農耕に取り組んだのである。そして、雑穀の普及を背景に水稲耕作の受容がなされた。

紀元前一〇〇〇年ごろ、朝鮮半島中南部に水稲耕作が広まった。そして、それと同時に無文《むもん》土器とよばれる平底で文様のない土器が出現した。もっとも、その時期に稲作がなされたのは海岸や河川沿いの地域に限られ、内陸部ではかなり後まで雑穀栽培がなされていた。

雑穀栽培の時代が約一〇〇〇年続いたのちに、朝鮮半島の人びとは、江南《こうなん》（中国の揚子江下流域）から水稲耕作を学んだとみるのが妥当だろう。もっとも、華北から朝鮮半島北部に稲をつたえた者もいたのではないかとみる説もある。

稲の来た道

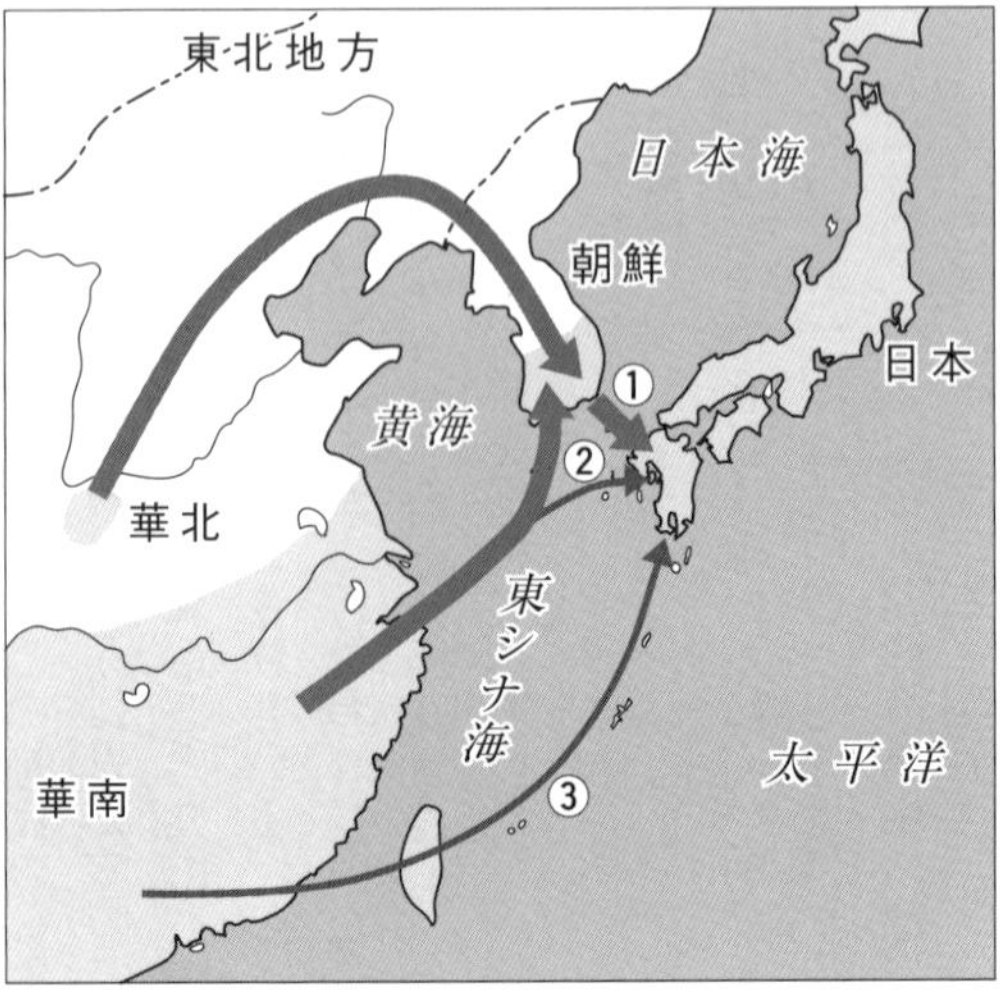

①は前400〜500年ごろ、②③は前1000年ごろのもの

また最近では、紀元前二〇〇〇年ごろに稲作と雑穀栽培とが同時にはじまったのではないかとする説も出てきた。それは、高陽（コヤン）の一山（イルサン）遺跡出土の種籾をいまから約四〇〇〇年前（紀元前二〇〇〇年ごろ）のものとする想定のうえになされたものである。農耕については、明らかに韓国が日本に先んじていた。

■縄文人と稲

日本には、江南から直接に北九州にいたる航路と、南方から沖縄経由で北上する行程との二つのみちを通って稲がつたわった。

稲自体が日本につたわったのは、紀元前一〇〇〇年ごろではなかったろうか。そして、それは雑穀の一つとして、きわめて限られた範囲で陸稲として栽培されたらしい。大がかりな水田をつくって稲を大量に栽培する生活は、朝鮮半島から移住した弥生人がもちこんだものと考えられていた。ところが、近年になって「縄文水田」がいくつもみつかった。福岡市板付《いたづけ》遺跡からは、幅約二メートルの水路と取排水口をもつ用水を備えた水田が出土している。この他にも、北九州、中国地方、近畿地方に縄文水田の広まりがみられる。

いまのところ紀元前四、五〇〇年ごろ北九州に水田をつくる縄文人の集団があらわれ、そこから水稲耕作が広がっていったとみざるを得なくなりつつある。すると、縄文時代おわりごろから、北九州と朝鮮半島南部との間に密接な交流があったことになってくる。

板付遺跡の水田址と水路

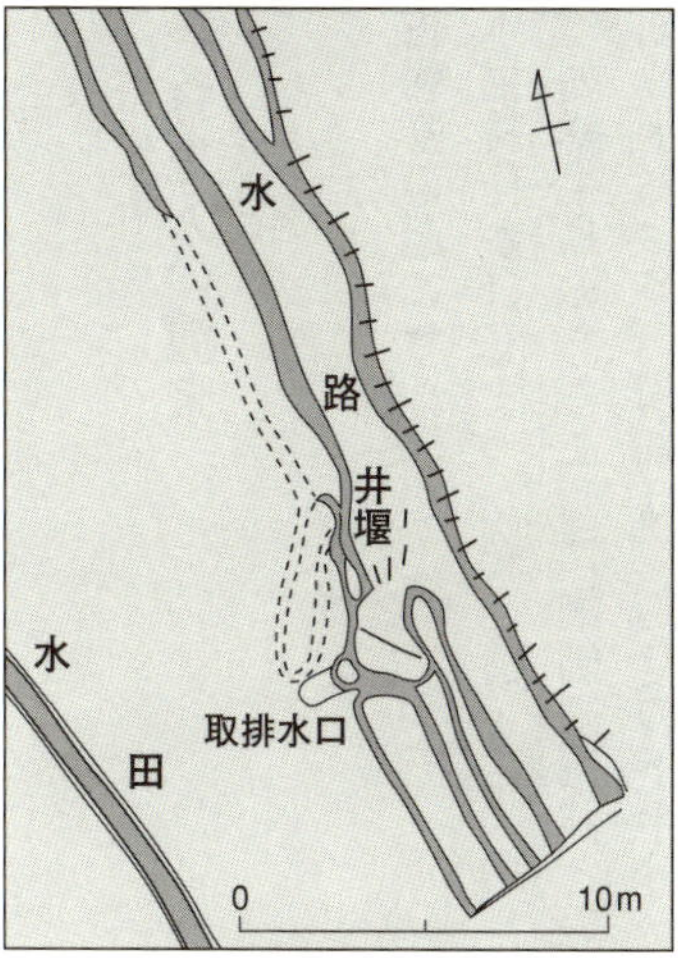

（福岡市教育委員会、1979による）

10　弥生人の渡来

■古朝鮮の起こり

水稲耕作がはじまった紀元前一〇〇〇年ごろ、朝鮮半島は青銅器時代に入った。まもなく、朝鮮半島のあちこちに銅剣や銅鏡といった祭器をもつ首長があらわれた。

朝鮮半島に多い銅剣は、剣身の下半分がふくらんだ形をとる遼寧式《りょうねいしき》銅剣で、その分布の中心は中国の遼東半島を中心とする黄海沿岸にあった。

また、朝鮮半島にひろく分布する二つのつまみをもつ銅鏡、多鈕粗文鏡《たちゅうそもんきょう》は中国東北地方からつたわったものである。

つまり、当時の朝鮮半島の人びとは遼東半島と中国東北地方との二方面から先進文化をうけ入れていたわけであるが、そのころの韓国の中心地は平壌周辺にあった。

平壌の東方三〇キロメートルほどのところに、檀君《だんくん》の陵とつたえられる古代の墓がある。

箕氏朝鮮の時代（前4世紀後半）

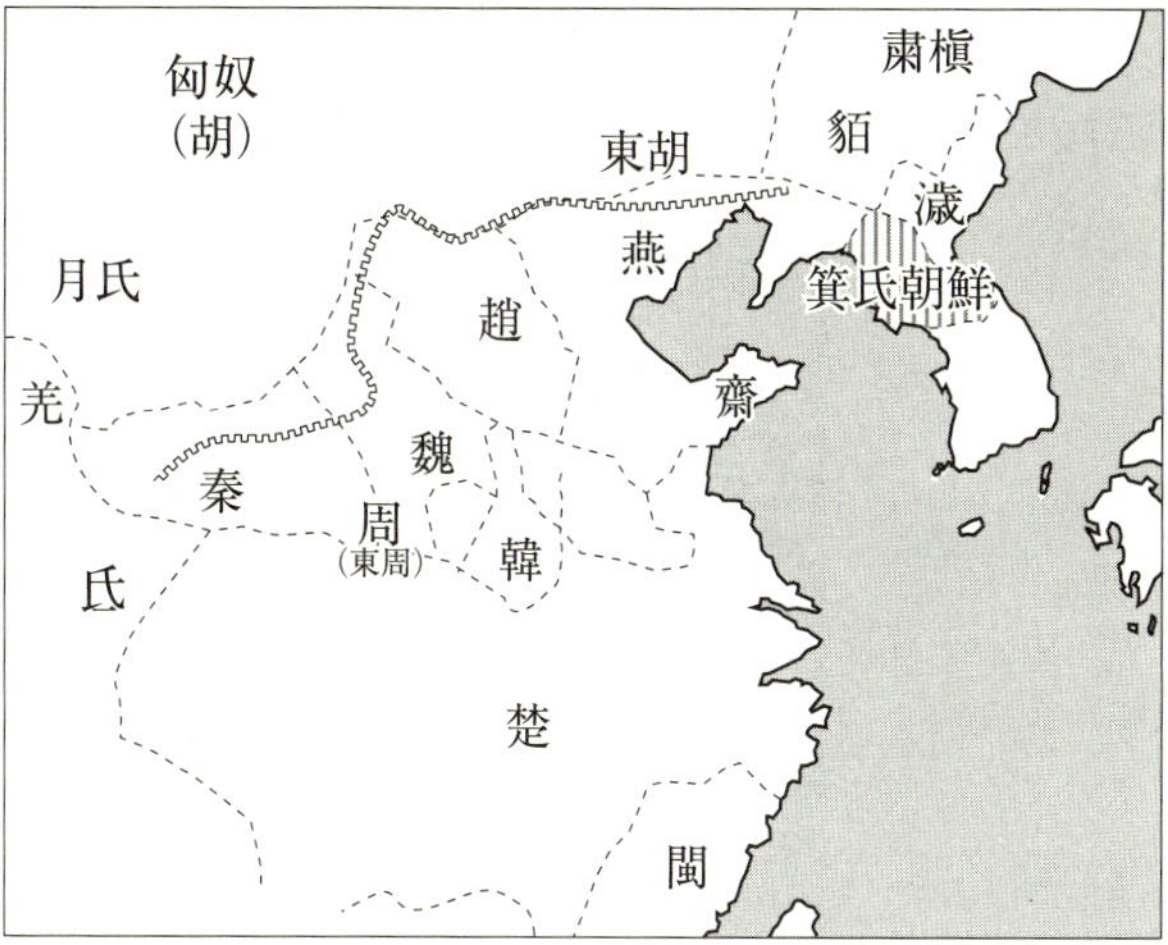

檀君は、韓民族の始祖とつたえられる伝説上の人物である。『三国遺事《さんごくいじ》』という歴史書には、天帝の子と最初にあらわれた人間の女性とのあいだにできた檀君が王険（ワンザム）城（いまの平壌）に都をおいて朝鮮を興したと記されている。

檀君は一五〇〇年間、国を治めたのちに政権を箕子《きし》に譲ったという。

それゆえ、今日の韓国では、檀君朝鮮、箕氏朝鮮、衛氏《えいし》朝鮮をあわせて「古朝鮮」とよんでいる。

箕子は、中国の殷《いん》朝の王家の出身で、朝鮮半島に移住して国を統一し、箕氏朝鮮を興したとつたえられている。

■衛氏朝鮮と弥生人

今日につたわる檀君朝鮮や箕氏朝鮮の記事は、きわめて伝説的である。

しかし、紀元前一九五年ごろに箕氏朝鮮を滅ぼして衛氏朝鮮を建てた衛満《えいまん》は、まちがいなく実在する。

朝鮮半島は紀元前三〇〇年頃に鉄器時代に入る。そして、その時期に前後する紀元前四世紀から紀元前三世紀にかけて、中国人の東進に抵抗した、平壌あたりに本拠をおく勢力があった。

これが、箕氏朝鮮にあたるものと考えられている。かれらは、中国の戦国時代に相当す

年代	日本	韓国
	旧石器時代	旧石器時代
紀元前12000年	新石器時代	
紀元前6000年		新石器時代
紀元前1000年		青銅器時代
紀元前300年		鉄器時代
紀元前200年	鉄器時代（青銅器時代）	

る時期に、遼寧《りょうねい》地方に勢力をのばした燕《えん》と抗争したが、しだいに中国人に押されていったという。

戦国時代の中国では、戦国の七雄とよばれる諸侯がならび立って抗争していた。燕はその一つであるが、紀元前二二一年に七雄の中の最有力者である秦《しん》が他の諸侯を滅ぼして中国を統一した。

このとき、朝鮮王の否（ブ）が使者を送り秦朝に従ったとある。

なお、前にあげた檀君陵は高句麗人がのこしたものとされている。そして、檀君陵をつくり、のちに箕氏朝鮮に滅ぼされた高句麗系（満州系）の勢力が檀君朝鮮にあたるものではないかとする意見もある。

秦朝の政治に不満をもつ農民反乱をきっかけに、秦は滅びその後の軍閥の抗争ののちに、紀元前二〇二年に前漢朝が中国を統一した。この動乱の最中に衛満という有力な軍人が一〇〇〇余人の兵力をつれて朝鮮に亡命した。

かれは、箕氏朝鮮の王の準《じゅん》に仕えたが、まもなく準を追放して自ら王になった。これが衛氏朝鮮の成立で、紀元前一九五年ごろのこととされる。準王は前にあげた否王の子である。

弥生文化圏の広まり

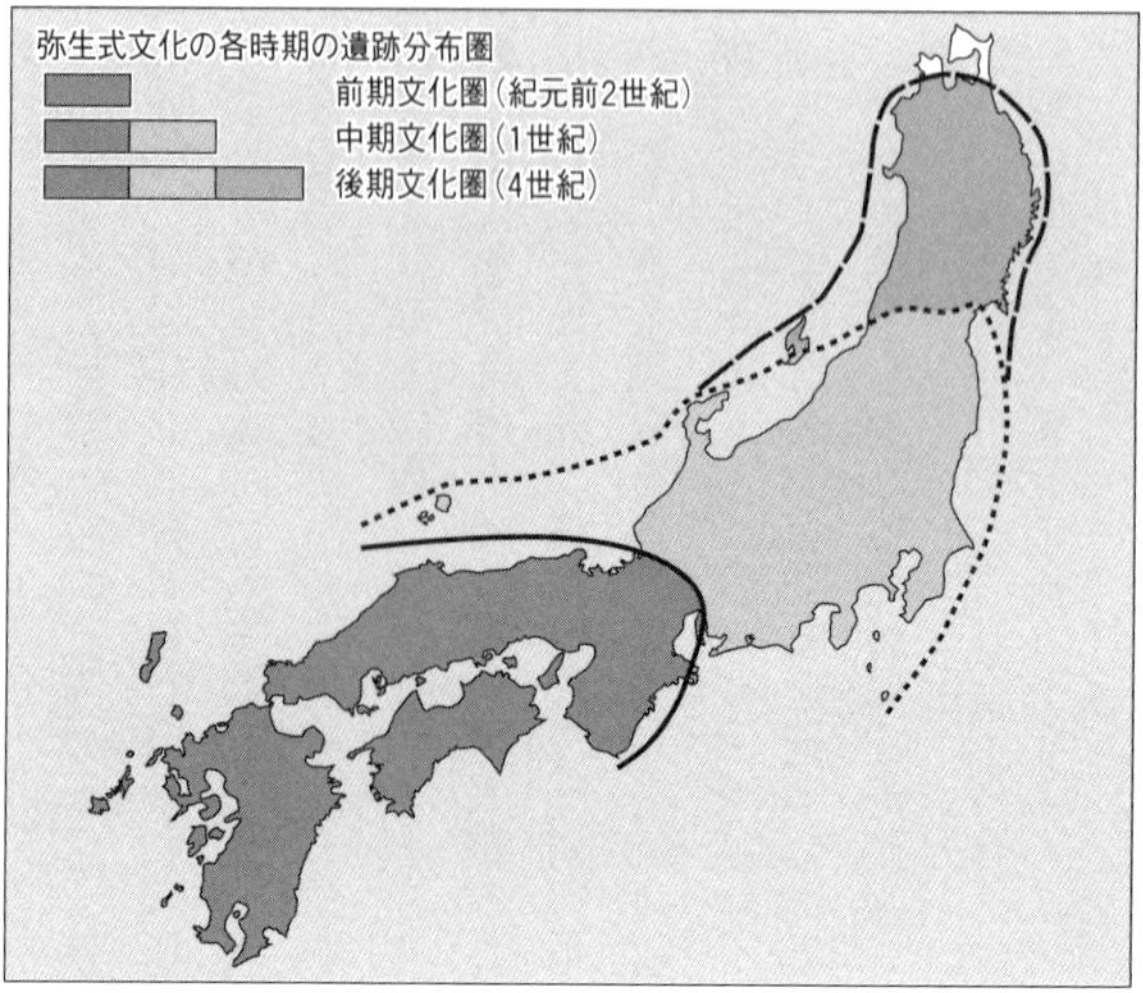

　衛満は、前漢に従いその外臣《がいしん》となった。秦朝と朝鮮王否との上下関係は形式的なものであったが、衛満は前漢の皇帝の支配下の国の君主として前漢の廷臣と同等に扱われることになった。

　この待遇は、のちに邪馬台国の卑弥呼がうけたものに類似している。

　衛氏朝鮮は、朝鮮半島で領土拡大につとめ、中国からの移民を多くうけ入れた。そのため、このとき漢民族に土地を追われた人びとが、北九州に大挙して移住し、弥生人になったと考えられる。

■弥生文化の広まり

朝鮮半島からの大量の渡来者によって、

日本の文化は大きくかわる。

それまで日本列島にいた縄文人の大部分は、狩猟、漁撈、植物性食物の採取の生活をとっていた（53頁の縄文水田の件は特別の例外である）。

ところが、弥生時代のはじまりとともに各地で水稲耕作が営まれ始めた。そして、それとともに青銅器や鉄器が用いられるようになった。

弥生文化は、弥生時代の開始とともに、近畿地方の東はしまで一気に広まった。この時期にはそれより東方の人びとは、縄文時代の生活をつづけていたが、水稲耕作はしだいに東方に広がっていった。

これによって、縄文土器が姿を消し、朝鮮半島のものに似た弥生式土器が広まっていった。

弥生人は、朝鮮半島の人びとと同じく銅剣や銅鏡を用いて農耕神をまつった。

ゆえにこの時期に西日本と朝鮮半島南部とは、ほぼ同質の文化をもつことになったといえる。

11　中国勢力の侵入

■秦漢の世界帝国

弥生人の移住は、狩猟生活から農耕生活への日本文化の転換をもたらしたものである。そして、それがなされた後に中国の前漢朝の韓国侵入が行なわれた。この前後に、中国人の支配をうけたことによって、韓国の歴史は大きくかわった。その一連の変化が、秦漢帝国の成立という漢民族の急速な発展が原因でなされている点に注目する必要がある。

漢民族の発展により、中国人が朝鮮半島に広まり、それに追われた人びとが日本列島にくる。こういった形で、中国、韓国、日本の三者の歴史は連動している。そして、前漢朝の発展が、韓国と日本とを中国の勢力圏、交易圏にくみ入れることになった。

前漢朝の系図

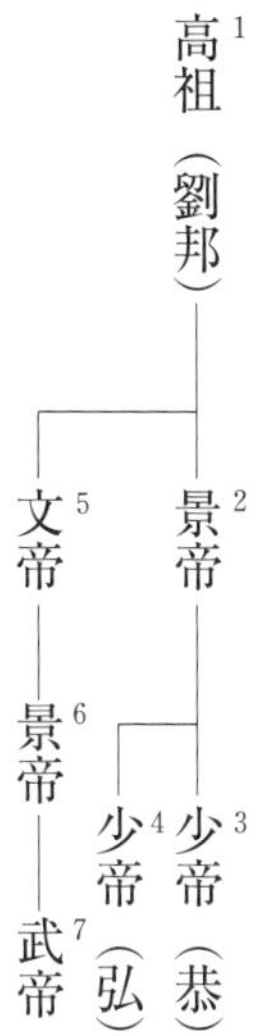

※数字は王位継承順位

前漢朝を興した劉邦《りゅうほう》は、多くの軍閥の助力を得て、政敵、項羽《こうう》を倒して国内を統一することができた。そのため一族や功臣を諸侯とする形をとらざるを得ず、皇帝の指導力は弱かった。

そして、紀元前一五四年の呉楚《ごそ》七国の乱によって諸侯の勢力を押さえ中央集権を確立した前漢朝が、七代皇帝である武帝の時代にようやく本格的な対外政策に取り組みはじめた。

■武帝の世界政策

武帝は、北方から中国を脅かしていた匈奴《きょうど》を攻撃し、かれらと対決する拠点として敦煌《とんこう》をおいた。ついで、張騫《ちょうけん》という者を西方の大月氏国《たいげっしこく》に派遣したことをきっかけに、シルクロードを用いた西方との交易がひらかれた。

さらに、武帝は南方では南越《なんえつ》を滅ぼしベトナム中部まで押さえ、九郡をおいた。武帝の朝鮮経営も、このような前漢の拡大の流れの中でとらえねばならない。

衛氏朝鮮の発展は、めざましかった建国後一〇年のうちに、臨屯《りんとん》、真番《しんばん》を自領にくみ入れ朝鮮半島の北部、中部の大半を自領としたのである。そのため紀元前一八〇年に前漢の五代皇帝、文帝に朝鮮出兵をすすめた者がいたが、中国国内が不安定であったことにより、その企ては実現しなかった。

紀元前一〇九年になって、武帝は水陸両軍を発して、朝鮮半島に侵入した。前漢の大がかりな攻撃により、衛氏朝鮮はなすすべもなく敗れ、武帝は紀元前一〇八年に楽浪、臨屯、真番三郡をおき、翌年にそれらの北方を攻略して玄菟《げんと》郡をおいた（地図参照）。

前漢時代の東アジア

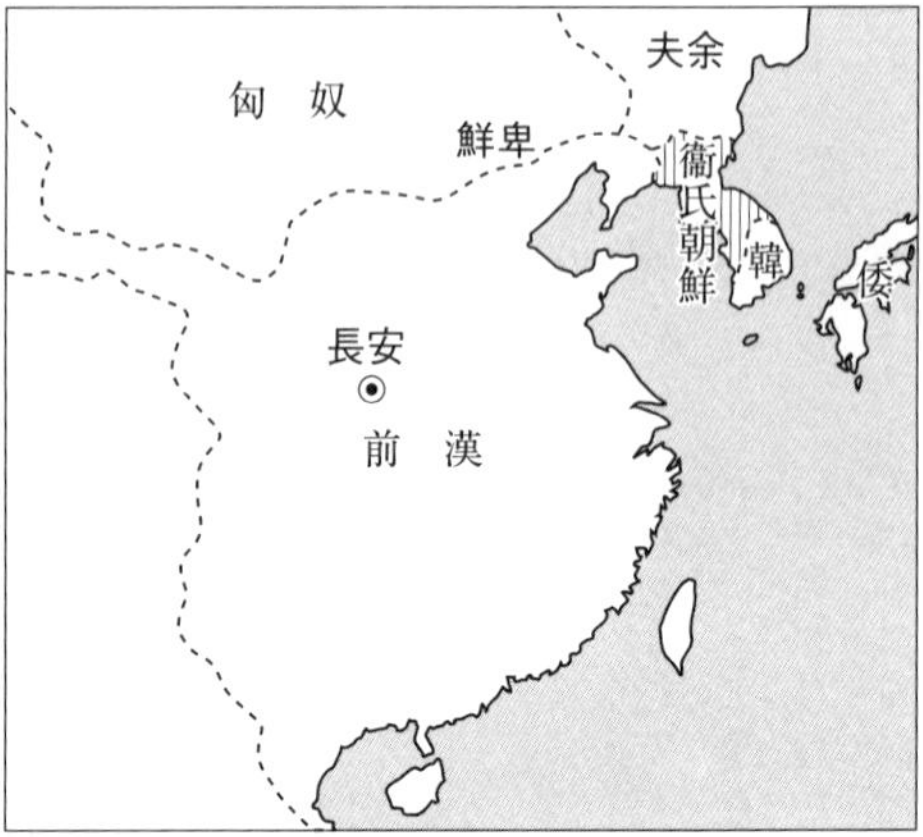

これらは、中国の直轄領とされた。楽浪郡はこのとき、かつて衛氏朝鮮の本拠地であった、いまの平壌のあたりにおかれた。

武帝の四郡

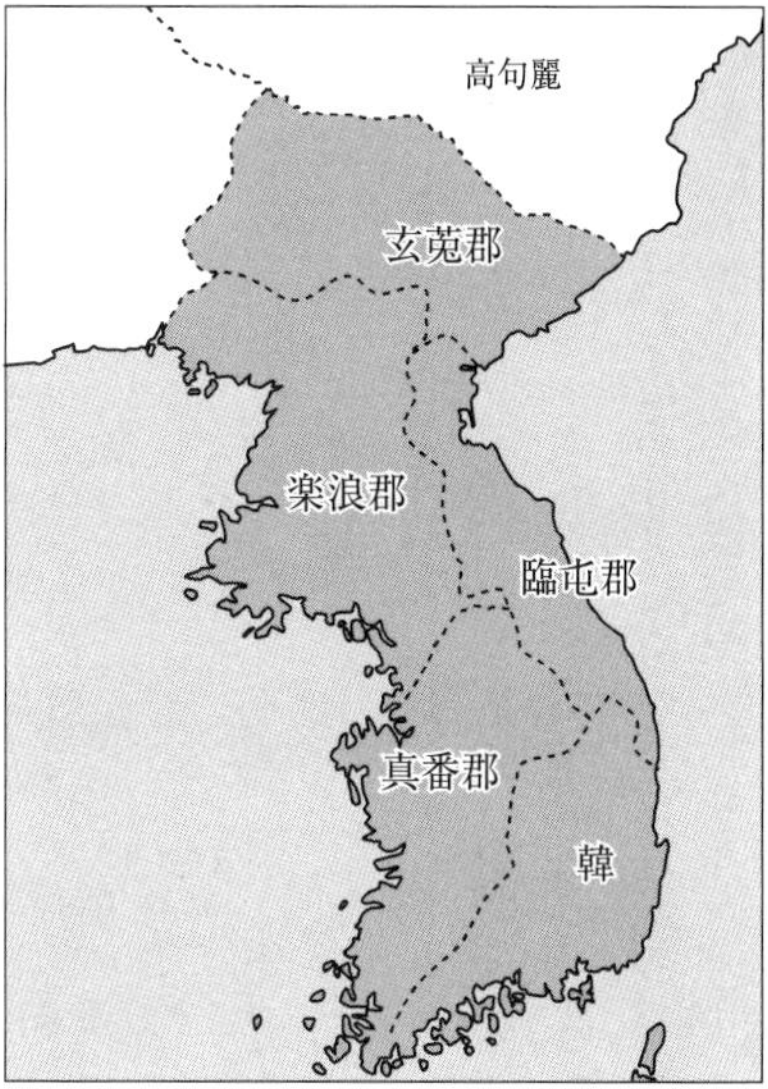

■楽浪郡の繁栄

真番郡と臨屯郡は、紀元前八二年に廃止され、その土地の一部は楽浪郡にくみ入れられた。さらに、紀元前七五年に玄菟郡の一部を楽浪郡にあわせ、玄菟郡の郡治《ぐんち》（郡をおさめる役所）を西北方に移動させた。

これにより、楽浪郡は戸数六万二〇〇〇余りの有力な郡になった。楽浪郡の郡治は、平壌の対岸にあたる大同江の南岸の土城の中におかれていた。そこからは、「楽浪富貴」や「楽浪礼官」の銘のある瓦当《がとう》が出土している。

楽浪郡では、多くの漢朝の役人が生活していた。かれらは、土城の周辺にいくつもの楽浪漢墓をのこしており、そこからは中国産の豪華な副葬品が出土している。

周辺のいくつもの異民族の首長が、楽浪郡におもむいて交易を求めた。そのため、楽浪

楽浪郡治周辺遺跡図

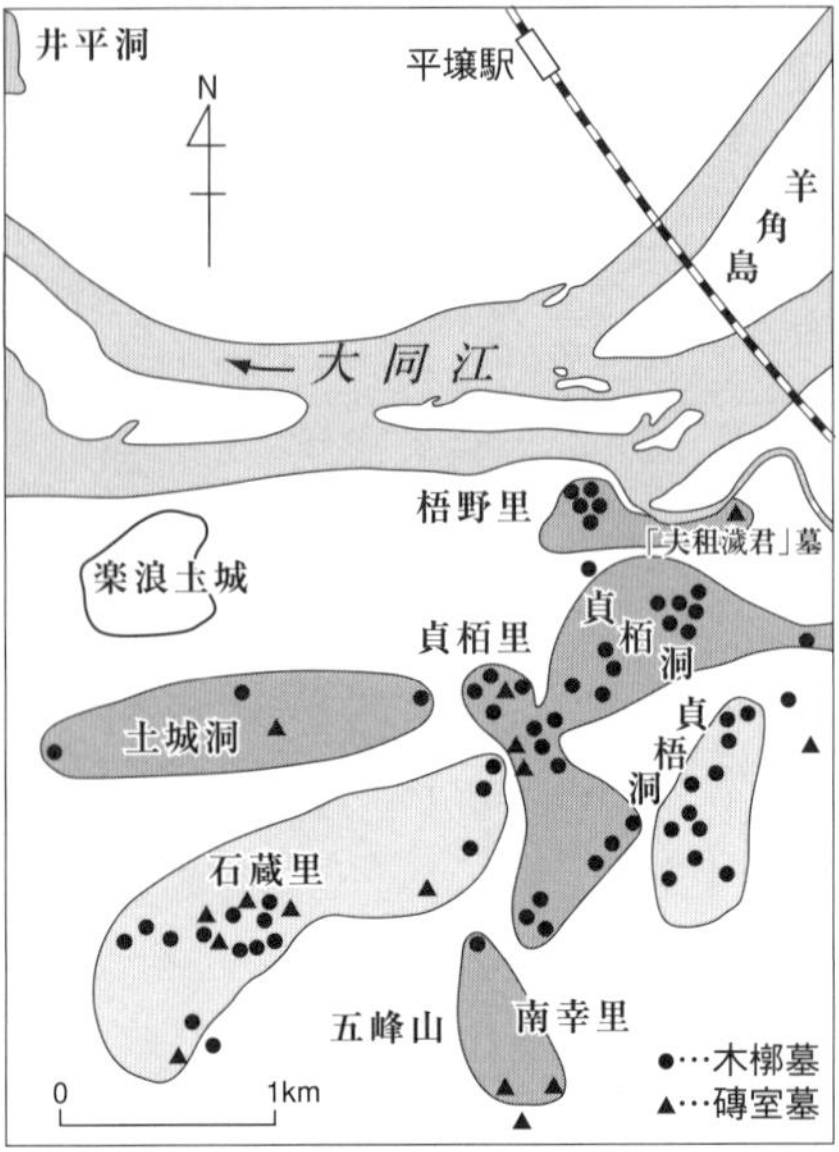

（高久健二著『楽浪古墳文化研究』をもとに作成）

では国際的文化が育っていった。
楽浪漢墓の一つから、「夫租濊《ふそわい》君《くん》」と記された銀印が出土している。夫租は、朝鮮半島東北部におかれた県の名前であり、その銀印はその県を治める濊族（25・55頁の地図参照）の首長に与えるためにつくられたものであると考えられている。

古代の日本人も、前漢代の楽浪におもむいた。中国の正史『漢書《かんじょ》』の「地理志」に、倭国が一〇〇余りの国に分かれていて、そこの人びとがしきりに楽浪郡にきて交易しているとある。それは紀元前一世紀末ごろ、対馬、壱岐や玄海灘《げんかいなだ》沿岸の小国が、大陸と交易したありさまをつたえるものであろう。福岡市吉武高木《よしたけたかぎ》遺跡からは、楽浪郡と交易した小国の王墓とみられる大陸産の銅鏡や銅剣を出土させた墓がみつかっている。

12　倭と韓の発展

■後漢朝の成立と対外政策

前漢朝は紀元前一世紀ごろから急速に衰え、紀元八年に王莽《おうもう》という者に国を奪われて滅んだ。

しかし、王莽が立てた新朝《しん》（八―二三）も短命で、新の滅亡による混乱ののちに劉秀《りゅうしゅう》が二五年に後漢朝を立てたことによって、ようやく中国は安定した。

後漢は、内政を重視して国内を安定させたのち、一世紀後半すぎから対外策に力を入れるようになった。

これによって楽浪郡を中心とした東方経営がさかんになった。

このような動きの中で、韓や倭のありさまが中国に知られるようになった。前漢代の歴史を記す『漢書』は、「地理志」の中で東方の民族を紹介するだけであるが、『後漢書』には、「韓伝」と「倭伝」とが立てられている。

■三韓の起こり

『後漢書』韓伝は、韓には馬韓《ばかん》、辰韓《しんかん》、弁辰《べんしん》の三種があると記している。「弁辰」は「弁《べん》韓《かん》」とよばれるばあいもある。

この韓は、楽浪郡と倭のあいだにあり、辰韓と馬韓とは言葉が異なり、辰韓と弁辰の言葉や習俗はよく似ているともある。

韓の人びとの言いつたえでは、衛氏朝鮮が立っていたころの馬韓に三韓全体を支配する辰王《しんおう》がいたという。そして、後漢代のころまで、辰王の子孫にあたる者が韓を代表して楽浪郡との交渉にあたっていた。

そのころ馬韓は五四の小国に分かれていたが、辰王はこの中の月支（ウオルチ）国にいた。そして、辰韓には一二、弁辰にも一二の小国があったという。

こういった記事から、一、二世紀の韓は小国が分立する情況にあったが、そこを代表して外交に当たる名目的な君主が立てられていたことがわかる。

これは、二世紀末ごろ倭国の三〇の小国が卑弥呼の指導のもとにまとまった段階と類似する。

韓は、日本より一〇〇年もしくは百数十年すすんだ形にあったといえる。

公孫氏と3世紀前半のアジア

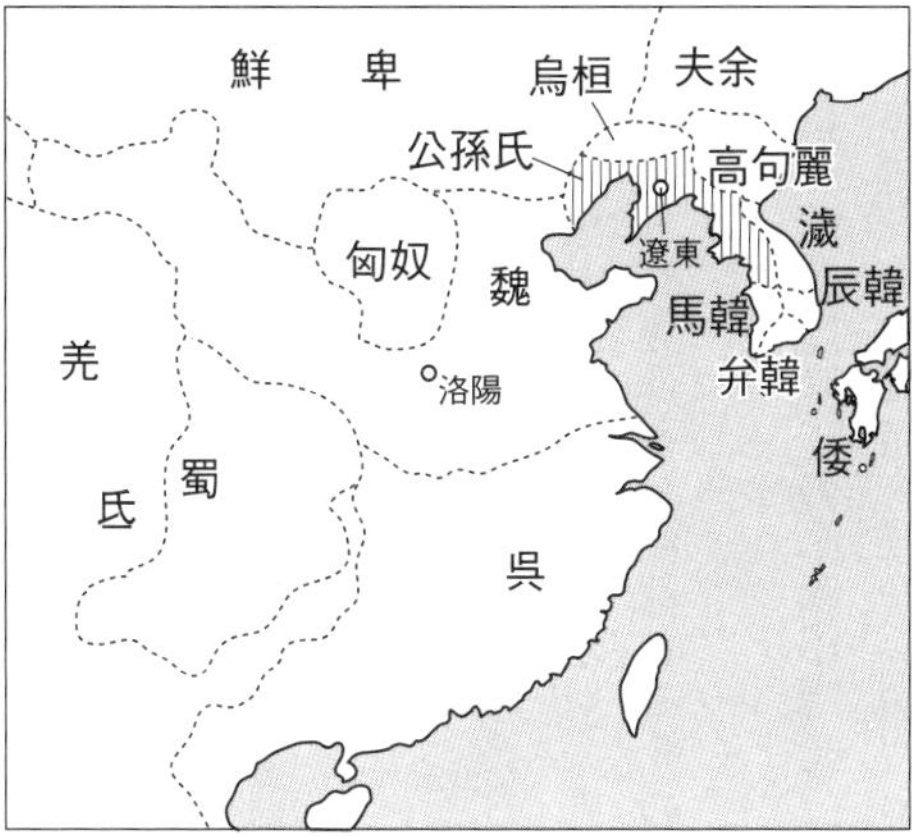

■後漢の後退と公孫氏の自立

『後漢書』は、五七年に日本の奴国《なこく》王が後漢朝に使者をおくり金印《きんいん》を与えられたと記す。奴国は福岡平野にあり、福岡市の志賀島《しかのしま》でそのときの金印が発見されている。奴国が通交した年代は、ちょうど後漢朝が対外積極策に転じた時期にあたっている。

ついで、帥升《すいしょう》という者が一〇七年に後漢から倭国王に任命された。

この帥升は糸島平野（前原《まえばる》市）にあった伊都国《いとこく》という小国の王であった。

かれは、いくつかの小国を押さえてはいたが、卑弥呼のような広域を支配する王ではなかったと考えられている。

帥升の通交の直後から、後漢朝では政争がつづき、つぎつぎに幼帝が立つようになった。このような中国勢力の後退のなかで、日本の使者が直接中国におもむくことはなくなった。

しかし、楽浪郡と韓や倭との交易はさかんであった。『後漢書』は、一八〇年代ごろに韓や濊が強大化して、楽浪郡を圧迫するようになったため、そこの中国人で韓の地に流入した者が多く出たと記している。

後漢の衰えによって、楽浪郡の勢力が低下したのである。

そして、後漢末の混乱のなかで一九〇年ごろ遼東郡の大守《たいしゅ》(長官)であった公孫度《こうそんたく》が自立し、やがて玄菟郡と楽浪郡とをその支配下におさめた。これにより、韓や倭は公孫度に従ったとある。

さらに、公孫度の子の公孫康《こう》は二〇四年ごろ朝鮮半島中部への支配を強化するため、楽浪郡の南部をさいて帯方郡《たいほうぐん》をおいた。これによって帯方郡が韓や倭との外交を取り扱うようになった。

13　邪馬台国の時代

■高句麗の成長

　後漢朝の直接支配をうけていた朝鮮半島北部は、二世紀末に中国の一個の軍閥という弱小勢力にすぎない公孫氏の支配下にくみ入れられることになった。このことは漢民族の東方への圧力が弱まったことを意味する。

　それゆえ、二世紀末から三世紀にかけて、中国東北地方南部から朝鮮半島、日本列島にかけての諸国がいちじるしい成長をみせることになった。

『三国志』によって、その地域に、夫余、挹婁、北沃沮《きたよくそ》、東沃沮《ひがしよくそ》、高句麗、濊、馬韓、辰韓、弁韓（弁辰）、倭がならび立っていたことがわかる（25頁の地図参照）。この中で最初に中央集権化へのみちをとりはじめたのが高句麗である。

　二世紀の高句麗はまだ、渾（フン）河流域を中心とする中国東北地方南部の一部を押さえるだけの段階にあった。そして、かれらは二〇九年に山上王《さんじょう》の指導のもとに鴨緑江《おうりょくこう》の中流域に進出し、集安《しゅうあん》を本拠とした。このことをきっかけに、高句麗は南方への勢力拡大をめざして楽浪郡の漢民族勢力と抗争をくりひろげることになった。

■魏朝の東方経営

一八四年の黄巾《こうきん》の乱という農民反乱をきっかけに、後漢の皇帝の権威は地におち、各地で軍閥が自立する時代が訪れた。前にあげた公孫氏も、後漢朝の地方官から軍閥にのし上がった勢力の一つである。この混乱の中で二二〇年に後漢朝が滅び、中国は華北の魏《ぎ》朝、揚子江下流域の呉《ご》朝、四川《しせん》の蜀《しょく》朝に分裂する。三者の中で魏朝がもっとも有力であったが、魏の重臣、司馬懿《い》（仲達《ちゅうたつ》）は自国の勢力拡大をはかって、二三八年に大がかりな遠征を行ない公孫氏を倒した。

帯方郡

そのあと、魏朝は韓、濊対策のために帯方郡をうけつぎ、そこを根拠に東方に勢力圏を拡大して中国の三国の抗争の中で優位に立とうとした。しかし、魏朝に武力で周辺の民族を威圧する力はなく、帯方郡の役人は異民族との協調につとめた。この背景のもとに卑弥呼の魏への通交がなされた。

邪馬台国への行程

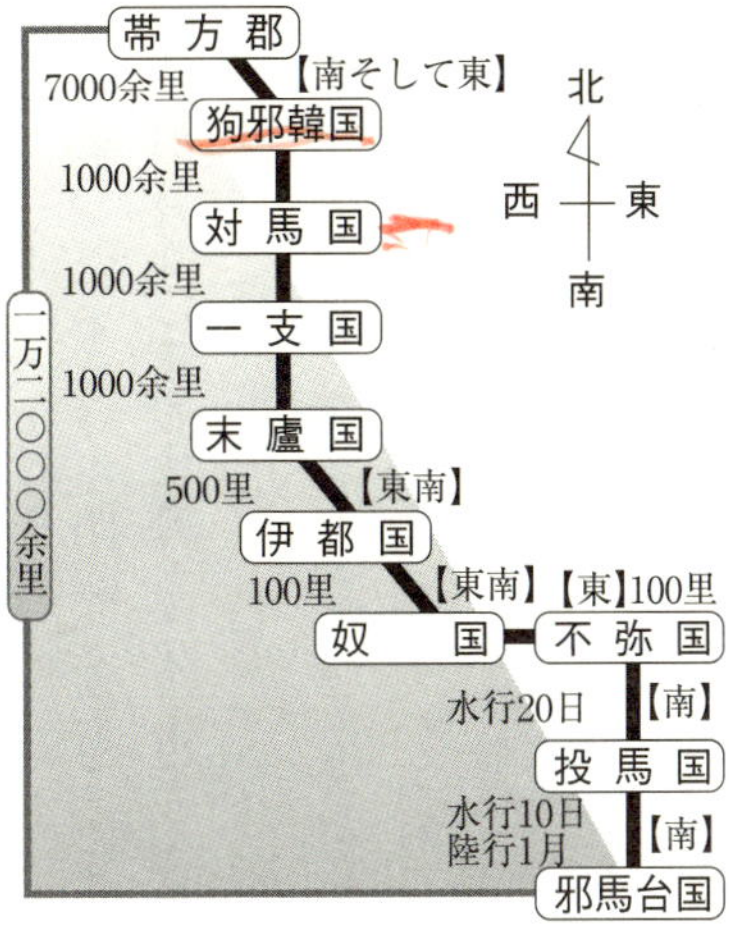

■卑弥呼の使者

中国の歴史書『三国志』の中の『魏《ぎ》志《し》倭《わ》人《じん》伝《でん》』は、図に示したような帯方郡から邪馬台国にいたるはるかな行程をつたえる。それを素直に信じれば、不弥国から邪馬台国まででも二か月かかったことになるが、実際には邪馬台国は朝鮮半島からそう遠くない北九州にあったと考えられている。なお、帯方郡の位置について、それを沙里院（サリウオン）のあたりにおく説と、ソウル付近におく説とがある。邪馬台国までの行程の中のはじめの部分の帯方郡から狗邪韓国《くやかんこく》にいたる七〇〇〇余里だけでも、たいそうな距離である。

狗邪韓国は、いまの金海（キメ）市のあたりにあった弁辰の小国の一つである。金海市良《よん》洞《ど》里《に》墳墓群が、狗邪韓国の中心部分であったと考えられている。対馬国から先が倭国である。

卑弥呼は、公孫氏滅亡の知らせをきいて、魏が帯方郡を併合した二三八年の次の年にあたる二三九年に、魏に使者を送っている。このとき、卑弥呼に親魏倭王《しんぎわおう》の称号が与えられた。

良洞里墳墓群とその周辺

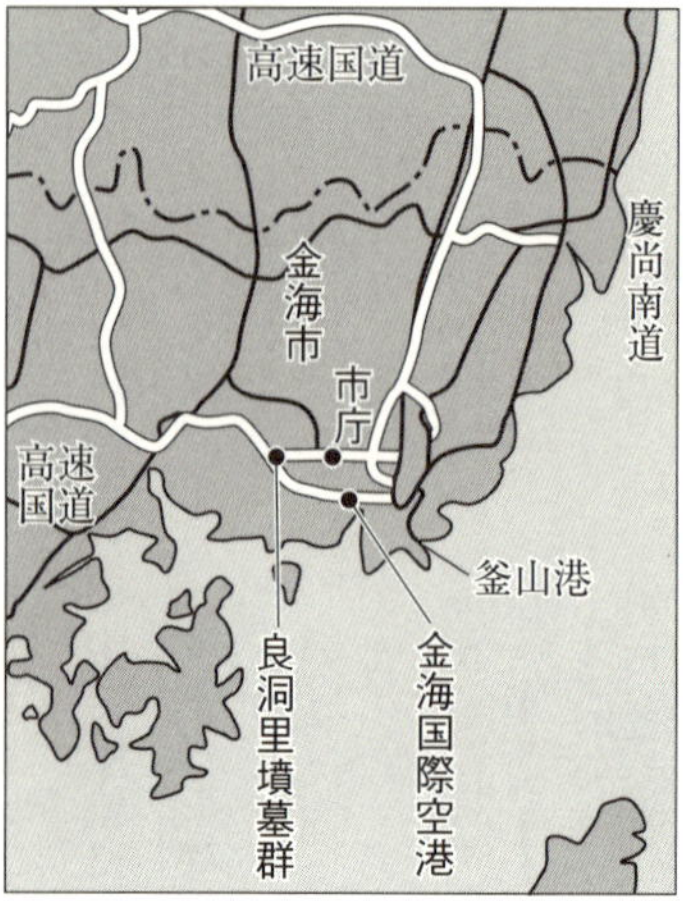

魏朝では、「親魏」を冠する王号は格の高いものとされていた。それを与えられたのは、インドの大国クシャナ朝と日本だけである。このことは、司馬懿が倭国を遠方にある大国だと偽ることによって、自分の公孫氏遠征の手柄を強調しようとする策略によってなされたとされている。この一事をもっても、三世紀の中国の東方の経営がいいかげんなものになりつつあったことがわかる。

14　朝鮮三国の成立

■中国勢力の後退

中国は、三世紀末に西晋朝によっていったん統一されている。西晋を立てたのは司馬懿の孫の司馬炎《えん》（武帝《ぶてい》）で、かれは二六五年に魏から帝位を譲られ、二八〇年に呉をほろぼしたのである。蜀はこれ以前（二六三年）に、魏に併合されていた。

卑弥呼の後継者である邪馬台国の女王台与《たいよ》は、西晋が立った翌年にあたる二六六年に使者を中国に送ったが、その時期になると中国と通交しても大した利益は得られなくなっていた。西晋の政局は内紛つづきで乱れていた。そして、三一六年に北方の異民族、匈奴《きょうど》の侵入をうけて西晋朝は滅ぶ。このあとの中国は、南北朝時代の混乱期に入った。この中国勢力の後退が、朝鮮半島の諸国家の成長をうながした。

■楽浪郡、帯方郡の滅亡

三世紀末から四世紀にかけての高句麗の成長は、めざましかった。かれらは三一三年ごろに楽浪郡と帯方郡とを攻略して、念願の朝鮮半島進出をはたした。

この時期の集安では、約七〇〇メートル四方の土城、国内城（クンネソン）が王の居城とされていた。それは平地におかれた平城《ひらじろ》で、交通路や交易を押さえる位置にあった。

そのほかに、背後の山の上に大規模な丸都山城（ファンドサンソン）がつくられていた。それは、敵が侵入したときに逃げこむ山城《やまじろ》で、石垣をめぐらせた朝鮮式山城の形をとっていた。

この二つの城の近くに、多くの王墓や貴族の墓がつくられ

集安の遺跡群

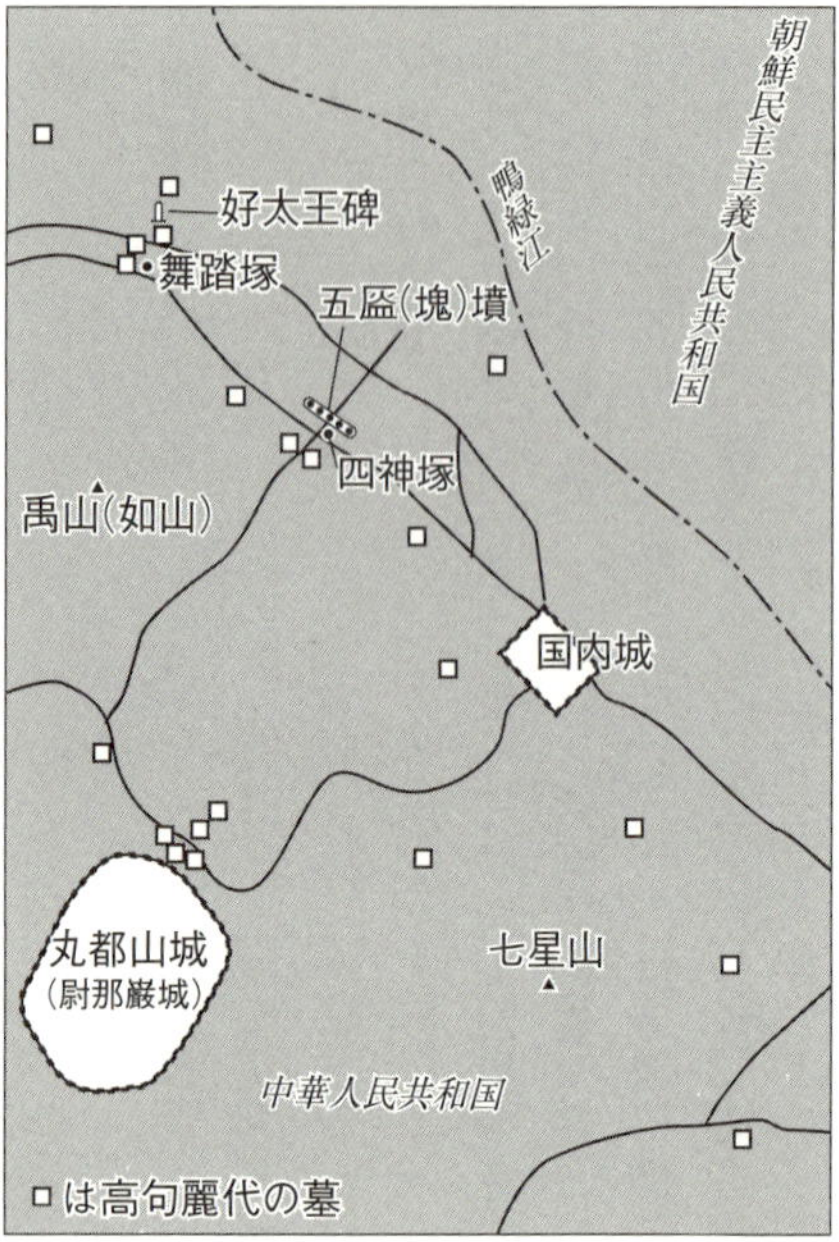

4世紀の東アジア

た。そこには、豊かな副葬品がおさめられている。

楽浪郡、帯方郡をとったあとの高句麗は、南方の韓への圧力をつよめるとともに、遼東の前《ぜん》燕《えん》朝との抗争をくり返した。それは西晋滅亡後中国北部（河北省《かほくしょう》を中心とする地域）に立った王朝の一つで、この時期の中国に侵入した異民族五胡の一つで鮮卑《せんぴ》の慕容部《ぼようぶ》が立てたものである。高句麗は、この時期に玄菟郡も滅ぼし、濊など周辺の国々を併合して、中国東北地方、沿岸州、朝鮮半島にまたがる大国に成長した。

■百済、新羅の成立

高句麗に対抗する形で、朝鮮半島南部の勢力の再編がなされた。馬韓の小国の一つであった伯済（ペクチェ）が、四世紀はじめごろ馬韓の地域を統一し、ソウルの漢山城《かんざんじょう》（漢城《かんじょう》）

に都をおいて独立国家となり、政治組織の整備につとめたのである。かれらは国号を百済《くだら》と称した。

ついで、四世紀なかばごろ辰韓の小国の一つ斯盧（サロ）が辰韓地域を統一して、国号を新羅《しらぎ》とした。かれらは、慶州《けいしゅう》に本拠をおいた。そのころの弁辰（弁韓）では、小国の分立がつづいていた。そして、三世紀に一二個ていどであったそこの小国がさらに分かれて四、五〇にもなっていた。この地域は四世紀には「加耶《かや》」とよばれるようになった。

一方、日本では大和朝廷が四世紀はじめからなかばにかけて西日本の統一に成功していた。かれらは、鉄を求めて朝鮮半島との交易をつよく望んだ。そして、四世紀はじめに加耶の小国の一つで、いまの金海市のあたりにあった金官加耶国《きんかんかやこく》（狗邪韓国の後身）との連携をつよめた。

朝鮮半島との交易で豊かになった大和朝廷では、古墳文化がつくられていた。日本はこのあと金官加耶国と結んで加耶全体、さらに百済方面へと勢力をのばそうともくろみるようになった。百済、新羅も思い思いの形で、成長をもくろんでいた。百済は三七一年に平壌を攻めて、高句麗王を戦死させている。また、新羅は三七七年に中国に使者を送っている。中国勢力の後退により、朝鮮三国、日本の四者の抗争の時代が訪れたのである。

15　大和朝廷と朝鮮半島

■七支刀と百済

四世紀なかばから五世紀なかばにかけて、高句麗と日本が積極的に拡大策をとった。そのため、両者は北と南から百済、新羅、加耶に圧力をかけて抗争するようになった。

四世紀のなかばに、日本の後押しをうけた金官加耶国が加耶諸国の指導的地位にのぼった。金官加耶国の別名を「任那《みまな》」といったことにより、そのころ加耶の地域全体を「任那」とよぶ用法も用いられるようになった。

五世紀末に加耶では、そのような「任那」の語は用いられなくなったが、日本では長く「任那」の語がうけつがれた。

三六四年に、百済の近肖古王《きんしょうこおう》が日本との国交をひらくため卓淳《とくじゅん》国に使者を送っている。卓淳国は百済に近い位置にあるが加耶諸国の一つで、金官加耶国と親密な関係にあった。

高句麗全盛時の三国の形勢（4世紀末）

このときの使者をうけて、日本の爾《に》波《は》移《や》という者が百済におもむいた。これにこたえる形で、近肖古王は三六七年に久《く》氐《てい》という者に七つの枝をもつ刀と七つの飾りをつけた鏡を持たせて日本に送ったとある。

このときの刀が天理市石上神宮《いそのかみじんぐう》につたわる七支刀である。それに近肖古王の太子の奇《き》（のちの近仇首《きんきゅうしゅ》王）が、倭王の旨《し》に贈ったものだとする銘文が記されている。そこの「旨」は、応神《おうじん》天皇だと考えられている。

銘文からみる限り、そのときの日本と百済とは対等の関係にあった。そして、このときから百済が日本に先進文化を与えるかわりに、何かあったばあい日本は百済に援軍を送るというとりきめがなされたと思われる。

好太王碑文の年表にみえる高句麗の南下策

年　代	西　暦	相　手	結　果
永楽元年	391		（好太王が即位）
6年	396	百　済	半島中部まで国境拡大
9年	399	（倭）	新羅への救援
10年	400	倭・安羅	新羅救援。新羅が朝貢
14年	404	倭	倭に多大の損害
22年	412		（好太王が没する）

■好太王の活躍

高句麗はこのような動きを不快に感じた。そのため好太王《こうたいおう》（三九一―四一二）が立つと、高句麗は積極的に南下策をとるようになった。そのころの朝鮮三国の地図から、高句麗が朝鮮半島全土をのみ込みそうな勢いにあったありさまがうかがえる。

好太王の事跡を記した「好太王碑文」によって、かれが積極的に対外発展にとり組んでいたありさまがわかる（表参照）。三九一年に、日本軍が朝鮮半島に出てきたため、好太王は三九六年に百済を徹底的に打ち破った。さらに、かれは、四〇〇年に新羅、任那方面で日本軍を破り、四〇四年にも日本に勝った。「好太王碑文」は、このように記している。

好太王のあと、高句麗の国力を大いに高めた長寿《ちょうじゅ》王が出た。かれは四一三年から四九一年にいたる七九年間にわたって王位にあり、四二七年には本格的な朝鮮半島経営をめざして、平壌に遷都した。

■苦境に立つ日本

日本は、このようなめざましい成長をみせる高句麗に、一方的に押されていたらしい。『日本書紀』は、前にあげた応神天皇の母にあたる神功皇后《じんぐう》が、朝鮮半島に遠征して、高句麗、新羅、百済の三韓を従えたとする記事をのせている。しかし、それは七世紀につくられた伝説にすぎない。五世紀に、日本は中国の南朝の権威をかりて劣勢を挽回しようとした。これが四一三年に始まる倭の五王の通交である。かれらは、南朝に百済や新羅の軍事的指導者を意味する「諸軍事《しょぐんじ》」の地位を求めた。

しかし、南朝は倭王に高句麗、百済より下位の官職しか与えなかった。四五一年になってようやく倭王済《さい》（允恭《いんぎょう》天皇とされる）が倭、任那、加耶、新羅、辰韓（秦韓）、馬韓（慕韓）の六国諸軍事の地位を与えられた。そこに六国が記されているが、このとき倭王済は、実質上は日本、新羅、加耶にたいする指導力を認められたにすぎない。

四七五年に高句麗が百済の都、漢城《かんじょう》（ソウルのあたり）を攻略した。このとき、百済は南方の熊津《ゆうしん》に都を遷したが、これによって百済の地位が大きく後退した。

さらに、劣勢になった百済がこれ以後南の加耶方面にたいする圧力をつよめたために、日本はそれまで自国の勢力圏であった加耶の利権を百済に奪われていくようになった。

倭の五王の遣使

王朝	年	事項
東晋	四一三	倭国の使者、東晋に行く
四二〇		
宋	四二一	讃の遣使
宋	四二五	讃の遣使
宋	四三〇	倭国王、宋に遣使
宋	四三八	珍、宋に遣使、安東将軍倭国王になる
宋	四四三	済、安東将軍倭国王になる
宋	四五一	済、六国諸軍事、安東将軍倭国王になる
宋	四六〇	倭国王、宋に遣使
宋	四六二	興、安東将軍倭国王になる
宋	四七七	倭国王、宋に遣使
宋	四七八	武、六国諸軍事、安東将軍倭国王になる

倭の五王と天皇

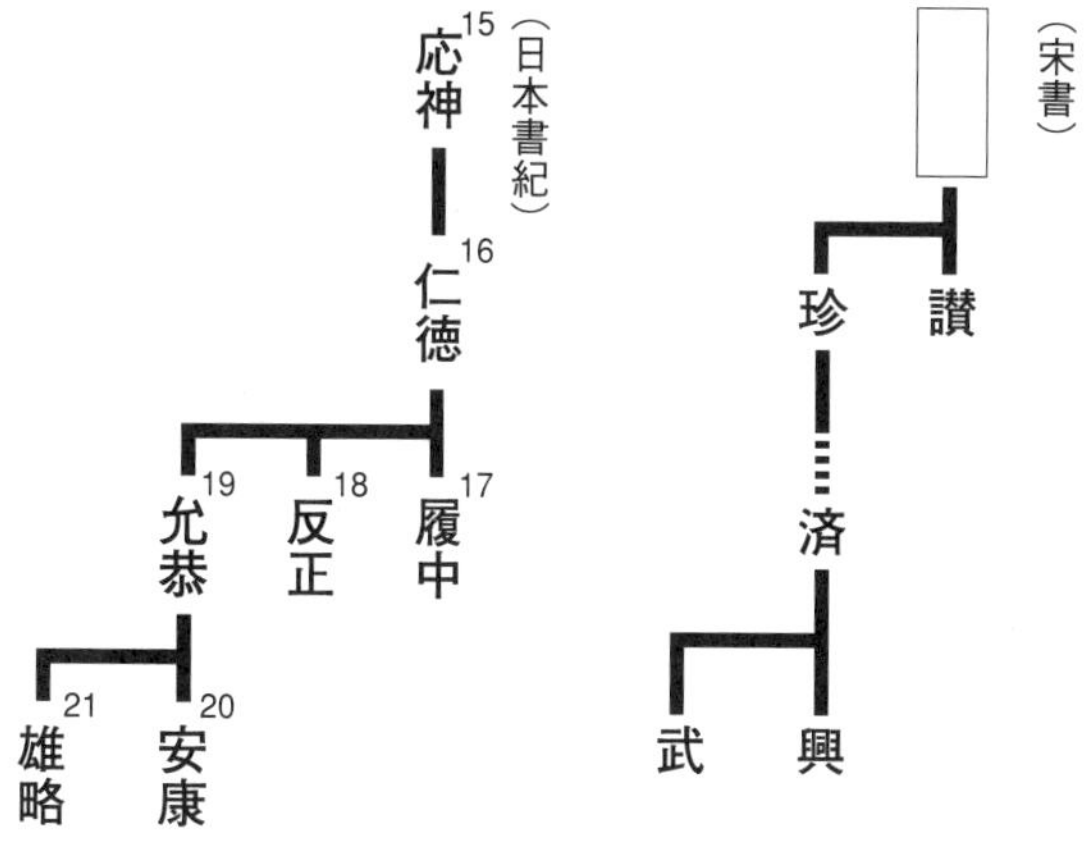

16　加耶諸国の滅亡

■加耶諸国の役割

四世紀末から五世紀にかけての日本と高句麗との争いは、中国東北地方、沿海州、朝鮮半島、日本を含む広域のまとまりを模索するものであった。そして、加耶、百済、新羅といった弱小勢力、とくに加耶諸国の存在が、そのような流れをよび起こしたといえる。

このまとまりは、非漢民族、非中国という性質を共有する、騎馬民族系、ツングース系、韓、倭の諸勢力団結をめざす方向のものであった。

中国勢力が後退した南北朝時代の、アジアの地図を上げておこう。中国の北方や北西には柔然《じゅうぜん》、突厥《とっけつ》という騎馬民族系の勢力がある。もし、高句麗から日本にかけての東方の国々が統一されれば、そこに柔然、突厥、北魏、宋（南朝の劉宋《りゅうそう》）とならび得る大国がうまれたことになる。

5世紀のアジア

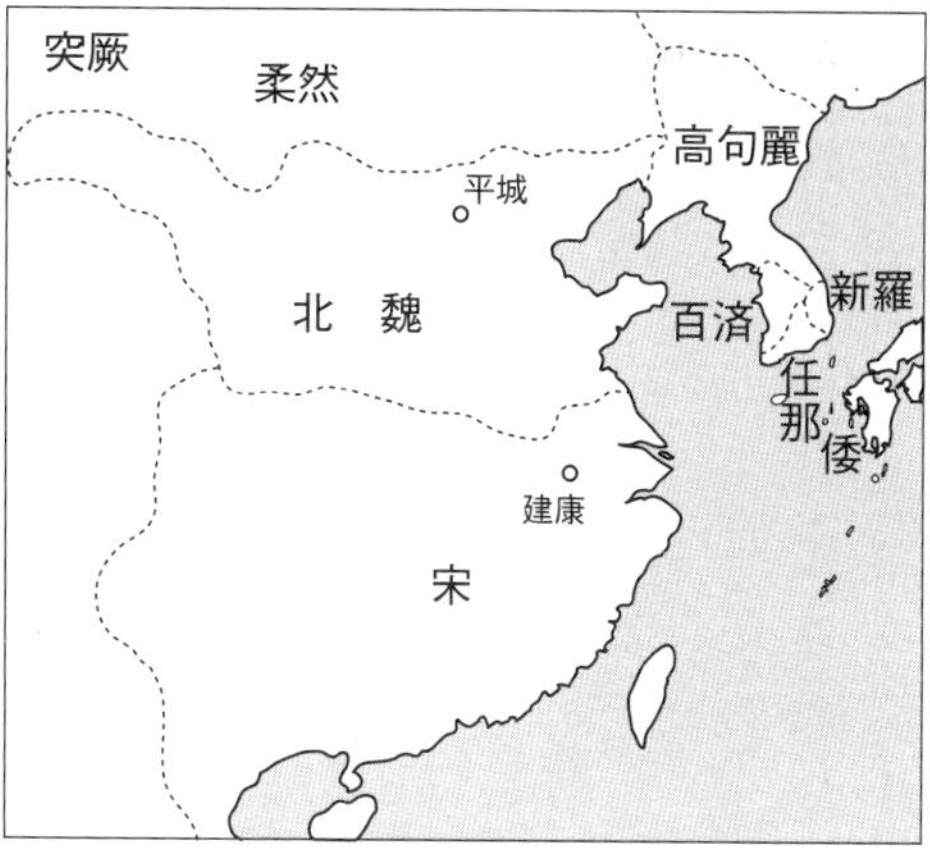

しかし、その政権のにない手は多分、日本でなく高句麗であったろう。当時、高句麗は平壌に内城、中城、外城《とじょう》から成る壮大な都城（城内に王宮や市街をもつ都市）を構え、さらに山城《やまじろ》もつくり、南方の勢力を圧倒する軍事力をかかえていた。

三世紀には、25頁の地図にあげた北方の夫余、挹婁から南方の倭にいたる一〇個の国が別々の文化を有していた。ところが、四世紀にこの範囲で、加耶を中心地とする文化の交流が急速にすすんだ。

弱者である百済、新羅が、北方の高句麗の騎馬民族の文化をとり入れ、加耶が百済、新羅をまねて北方系の文化を身につけた。それとともに、加耶は南方の日本の文化もうけ入れた。そのため、加耶でまず北方と南方の文化が融合する。そして、加耶からそれが北方、南方に広がる。

平壌市付近図

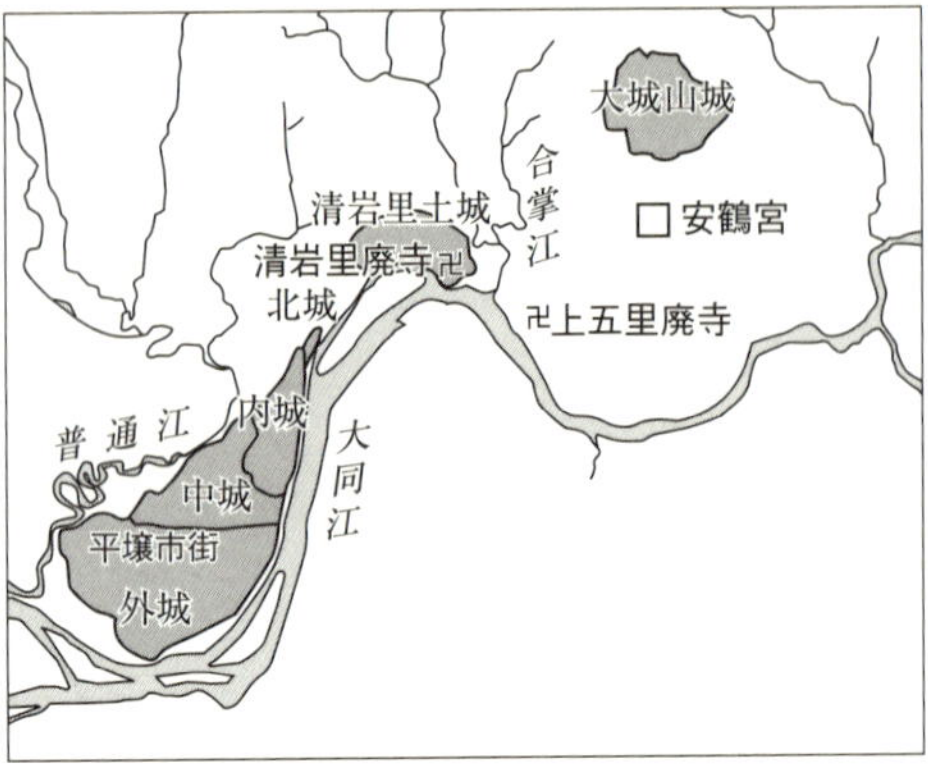

こういった形で加耶の存在が、高句麗、日本間の交渉を活発化させたのである。

■任那日本府と渡来人

五世紀末から六世紀末にかけて、加耶諸国は、新羅と百済との手で分割される形で滅んでいった。このことが、日本列島と朝鮮半島との往来を前の時代より困難にすることになった。そのためそれ以後、日本と朝鮮半島との文化がしだいに異なるものになっていく。

百済が四七五年に熊津に遷都したあと加耶方面への圧力をつよめたために、日本の加耶への影響力は大きく後退した。五世紀末に秦氏《はた》と東漢氏《やまとのあや》の二個の有力な移住者の集団が日本に渡来している。

秦氏は金官加耶国、東漢氏は加耶諸国の一つ安羅国《あらこく》の有力者であったが、かれらは百済の圧力をうけて本拠地を捨てねばならなくなった。秦氏と東漢氏はこの後の日本の文化の発展に大きく貢献し、蘇我《そが》政権の有力なささえ手となった。

しかし、加耶に有力な親日派がいなくなったことは、日本の外交に大きな痛手をあたえることになった。金官加耶国と安羅国とは、新羅に近い加耶の東部に位置していた。そのため、これ以後そこで親新羅派が勢力をのばしていった。

六世紀はじめに、新羅が加耶東部の金官加耶国などを、百済が加耶西部の己汶国《こもんこく》などを自領に併合した。これは、日本の朝鮮半島からの後退を決定づけるものであった。

日本は、この動きに対抗して安羅国に任那日本府《みまなにほんふ》を組織した。それは加耶にいる日系勢力を組織して新羅に対抗するためのものであったが、任那日本府は大和朝廷の意のままには動かなかった。百済は、五四一年に加耶のいくつかの小国の代表をあつめ、自国と結んで新羅と対抗するようにすすめる「任那復興会議」をひらいている。しかし、日本と百済のさまざまな対新羅策はすべて徒労におわった。

■加耶の滅亡

六世紀なかばになると、新羅の成長が目立つようになった。かれらは五五二年ごろ、か

新羅の勢力拡大（6世紀）

①は550年ごろの新羅の領土。②は551年ごろ、③は553年ごろ、④は560年ごろ、⑤は562年ごろに新羅が獲得した土地。⇨は高句麗の南下、➡は百済の反撃、⟶は新羅の勢力拡大をしめしている。

って百済の都であった要地、漢城を得た。ついで、五六〇年ごろには日本海がわの朝鮮半島をすべて自領に併合した。

このため劣勢に立たされた高句麗は、六世紀なかばすぎには日本の助けを得て新羅に対抗しようと、親日策をとりはじめた。その時期の百済は、自領の北方と西方から新羅の圧力をうけて大いに苦しんでいた。

新羅の圧迫をうけた加耶諸国では、六世紀なかばに高霊加耶《こうれいかや》国を盟主とする同盟をつくり、百済と結んで新羅の侵入を食い止めようとする動きが起こっていた。これに対し、新羅は武力で一気に加耶を併合する策をとった。

韓国の歴史書『三国史記《さんごくしき》』は、新羅の真興王《しんこうおう》が五六二年に、異斯夫《いしぶ》という将軍に高霊加耶を討たせたとある。このとき、異斯夫の部下で斯多含《したがん》という者が五〇〇〇人の兵力で先発し、高霊加耶王を降伏させたとある。

『日本書紀』は、欽明《きんめい》二三年（五六二）に、任那の高霊加耶国、安羅国など一〇国が新羅に滅ぼされたと記している。

五六二年に加耶の大部分が新羅に併合された。「浦上八国《からさし》」とよばれる南岸の辺地の小国群だけがそのとき自立を保ったが、そこは六〇〇年になって新羅領にくみ入れられた。

五六二年の新羅の加耶併合は、新羅の朝鮮半島統一へのみちをひらくものであった。それまで、朝鮮半島の人びととの間に高句麗、百済、新羅、加耶の四者は別物だとする考えがつよかった。

ところが、加耶滅亡をきっかけに朝鮮半島統一を望む声が高まってきた。これは、中国、日本と対抗して、朝鮮半島に韓民族のための独自の世界をつくる方向を指向するものであった。そして、六世紀なかばの時点の、高句麗と百済には新羅を倒しうる国力がなかったため、新羅が朝鮮半島の政局で指導力を握るようになっていった。

第3章 古代国家の成立と日韓の分離

慶州・武烈王陵碑

17　新羅の成長と大化改新

■新羅律令の制定

新羅は、朝鮮三国の中でもっとも小さい後発国家であったが、小国であったがゆえに五世紀末以降、効率的に中央集権化を行なうことができた。新羅王のもとで、六部《ろくぶ》集団とよばれる有力な貴族勢力が形成され、かれらの手で強固な門閥支配がつくられていったのである。

新羅の法興王《ほうこうおう》は五一七年兵部《へいぶ》をおいて軍事制度を整え、五二〇年に律令を公布して、十七等官位制を整備した。

このときの官位が、百済と高句麗の官位にきっちり対応する形でつくられている点に注意したい。

こういった点に、「朝鮮半島は一つ」という発想がつよくみられるのである。法興王時

三国官位制の対照表

区分	高句麗	新羅（京位）	新羅（外位）	百済
特別の官位		〔太大角干〕 〔大角干〕		① 左平
核となる官位	① 大対盧	① 伊伐飡		② 達率
	② 太大兄	② 伊尺飡		③ 恩率
	③ 鳥拙	③ 迊飡		④ 徳率
	④ 太大使者	④ 波珍飡		⑤ 扞率
	⑤ 位頭大兄	⑤ 大阿飡		⑥ 奈率
	⑥ 大使者	⑥ 阿飡		⑦ 将徳
	⑦ 大兄	⑦ 一吉飡	① 嶽干	⑧ 施徳
	⑧ 褥奢	⑧ 沙飡	② 述干	⑨ 固徳
	⑨ 意俟奢	⑨ 級伐飡	③ 高干	⑩ 季徳
	⑩ 小使者	⑩ 大奈麻	④ 貴干	⑪ 対徳
	⑪ 小兄	⑪ 奈麻	⑤ 選干	⑫ 文督
	⑫ 翳属	⑫ 大舎	⑥ 上干	⑬ 武督
	⑬ 仙人	⑬ 舎知	⑦ 下干	⑭ 佐軍
下級役人の官位	（⑭ 自位）	⑭ 吉士	⑧ 一伐	⑮ 振武
		⑮ 大鳥	⑨ 一尺	⑯ 克虞
		⑯ 小鳥	⑩ 彼日	
		⑰ 造位	⑪ 阿尺	

備考：〔　〕は補足
（武田幸男氏作成）

代の律令は衣冠制（官位にあった服装を定めること）を中心とするかんたんなものであったとされる。

六世紀はじめの新羅に、日本の「大宝《たいほう》律令」（七〇一年制定）のような整った律令があったわけではない。しかし、新羅の官位が、日本の冠位十二階（六〇三年制定）より八〇年あまり早いものであることは注目してよい。

新羅王は官位の授与をつうじて、貴族にたいする指導力をつよめていった。

このことが、新羅の軍事力を高め対外的に優位に立たせた。新羅の発展の前提に律令の制定があったといえる。

さらに、新羅律令をもつことにより、新

羅の貴族が自国は日本より優れているとする誇りを感じるようになった意義も見落とせない。

■聖徳太子と隋

五八九年に、隋《ずい》朝が中国を統一した。このあと、隋は東方経営に力をいれ、いく度も高句麗に出兵した。

この動きに対し、朝鮮三国でも日本でも中国の成長に対抗するために中央集権化を急がねばならないとする考えがつよまった。

そのため、朝鮮三国はおもいおもいの形で有力な指導者を立てて支配層の団結力をつよめた。

これが、三国間の戦争を誘発した。

日本では、七世紀はじめに聖徳太子の指導のもとで冠位十二階の制定などの政治制度の整備がなされ、隋との国交がひらかれた。

聖徳太子は、高句麗、百済と結んで新羅を封じこめる方向をめざしたが、新羅の勢力は侮りがたく、太子の晩年には新羅との協調がはかられた。

■大化改新と対外関係

聖徳太子の没後、蘇我蝦夷《えみし》、ついでかれの子の入鹿《いるか》が朝廷を動かすことになるが、太子なきあと新羅は露骨に日本を軽んじはじめた。聖徳太子の時代に、新羅の独立を認めつつ新羅の日本への朝貢を求める策がとられたが、太子がなくなってまもない六二二年に新羅が朝貢を拒む事件が起きている。

六一八年に隋朝にかわって唐朝が中国を支配するようになった。このあと、新羅は急速に唐に接近していった。日本は六三〇年に第一回遣唐使を送ったが、唐朝は日本に好意をもたなかった。

こういった日本の国際的地位の後退を挽回しようと、六四五年から中大兄皇子《なかのおおえのみこ》らの手で大化改新が開始された。

そしてそれ以降、朝廷は急速に唐風化していった。

18　新羅の統一

■韓国文化圏の誕生

七世紀末に、朝鮮半島の大部分が新羅によって統一された。このことは、単に高句麗、百済、新羅の三国の勢力争いで、新羅が勝ちのこったことを意味するものではない。

六世紀はじめ以来の新羅の成長の背景に、韓国文化圏の形成とそれに伴う民族意識の芽生えとがあったことを見落としてはならない。

前（82頁）に述べたように、四世紀には中国東北地方および沿岸州の南部、朝鮮半島、日本列島を含む範囲を中国と異なる一つの世界とみる地理観があった。ところが、四世紀末から五世紀にかけて、朝鮮半島の文化が中国の先進文化をうけて大きく発展した。

それとともに、中国との交通が不自由な、中国東北地方や沿海州、日本列島の遅れが目立つようになった。

７世紀後半のアジア

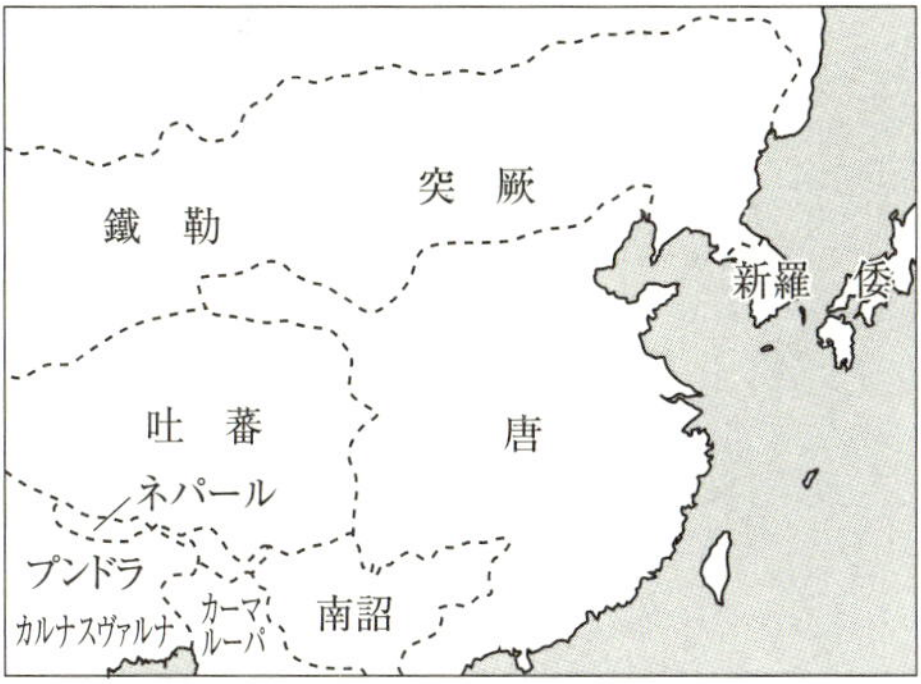

五世紀末には、高句麗の中の南部、つまり朝鮮半島のがわの人びとが、北方の人びとを見くだすようになった。

このことにより、朝鮮半島北部の地方豪族の間に高句麗の王家を北方の中国東北地方からの侵入者とみて反発する発想がつよまった。

このころになると加耶の小国の多くも日本につくより朝鮮半島の有力な政権に従うのが有利だと考えるようになった。そうなると、朝鮮半島統一の担い手は新羅か百済かのいずれかということになる。

そして、六世紀はじめからなかばにかけての新羅の領土拡大により、新羅の優位は動かしがたいものになっていた。ゆえに、六世紀末以降、高句麗も百済も、日本の後援を得つつ何とか新羅の成長を押さえようとする政策をとるようになった。

■白村江の戦い

六世紀はじめに新羅に滅ぼされた金官加耶国の王家の動きをみると、新羅が朝鮮半島各地の諸勢力を上手に自派にくみ込んでいったありさまがわかる。

五三二年に、金官加耶国の王、金仇亥《きゅうがい》（仇衡《きゅうこう》王）が新羅に降った。このとき、新羅は仇亥を礼をもって迎えて大臣にあたる上大等（サンデドゥン）の官職につけ、もとの王家の領地を食邑《しょくゆう》（新羅王から管理をまかされた土地）にした。

仇亥の子（金武力《ぶりき》）は新羅に仕えて大角《だいかく》干《かん》の官位（91頁の表参照）にのぼった。さらに、武力の孫の金庾信《ゆしん》は七世紀末の百済、高句麗との戦争の場で活躍した。

七世紀前半に、新羅は軍備の増強と唐との結びつきの強化につとめた。そのため、これに危機感を抱いた高句麗と百済とは、

白村江の戦い進行図

六五五年に連合して新羅の北境に大攻勢をかけた。

これに対し、新羅は唐に援軍を求めた。このとき以後、唐、新羅の連合はいく度にもわたって高句麗軍に痛手をあたえた。新羅は、さらにその機会をとらえ、唐に百済遠征を求めた。

扶　余

これによって、六六〇年に唐の将軍、蘇定方《そていほう》と、新羅の武烈王、金庾信のひきいる五万の軍勢とが、百済に侵入し、一挙に都の泗沘《しひ》(扶余《ふよ》)を落とした(百済は五三八年に都を熊津から泗沘に移している)。扶余町にある落花岩は、このとき百済の女官が多く川に身を投げた地だとつたえられる。

このあと、百済の各地で百済の遺臣の祖国復興の動きが起こった。それをうけて、百済の有力者、鬼室福信《きしつふくしん》が人質として日本におもむいていた王子豊璋《ほうしょう》を百済の王位につけようともくろんだ。

しかし、福信の求めで百済におもむいた日本の水軍は、六六三年に白村江《はくすきのえ》で唐、新羅連合軍に大敗した。

これにより、百済復興の企ては失敗におわった。

豊璋とかれに従う百済の貴族はこのあと日本に亡命した。百済王家は百済王《くだらおう》の姓を天皇から与えられ、日本の貴族として扱われた。

■新羅、唐の対決

唐軍は、百済滅亡の直後、六六一年に三五万の軍勢で高句麗の都、平壌も攻撃している。このとき、高句麗は半年間の力戦のあと唐軍を退けた。

しかし、唐は六六六年に起こった高句麗の内紛につけこむ形で、一気に平壌を落とした。内紛とは王の補佐役をつとめていた淵蓋蘇文《えんがいそぶん》が死んだ直後、かれの長子の男生《なんせい》が二人の弟に国を追われたものである。

このとき唐は男生に先導されて大軍を送りこみ、六六八年に高句麗を滅ぼした。

新羅は唐と連合して高句麗、百済を滅ぼす形になったが、一連の戦争のあとの情況は新羅に満足のいくものではなかった。

唐は安東都護府《あんとうとごふ》をおいて高句麗の旧領を治めさせ、熊津都督《ゆうしんととく》に百済の故地を支配させた。そして、新羅を鶏林《けいりん》大都督府とし、新羅の文武《ぶんぶ》王を鶏林大都督に任命した。唐は朝鮮半島全域が自国の植民地だと考えたのである。

これに対して新羅の文武王は六七〇年になって、唐への軍事的反攻にふみきり、百済の旧領への侵入をはじめた。そして、その後のいく度かの戦いののち六七六年に伎伐浦《きばつぽ》で唐軍に大勝利をおさめた。

これにより、百済の旧領全部と高句麗の旧領の南部が新羅の支配下におかれることになった。そうなってからも、唐は朝鮮半島併合の望みを捨てなかったが、西方の外蕃との戦いに敗れたことをきっかけに、六七八年に正式に新羅攻撃をあきらめ、新羅と親交関係を結ぶことになった。

新羅の成長に対抗する形で、日本は天武《てんむ》天皇の指導のもとに、唐の六部をまねた官制を設け中央集権化をすすめた。

そして、天武天皇の孫の文武天皇の治世の七〇一年に「大宝律令《たいほうりつりょう》」を制定して太政官《だじょうかん》を中心とした中国風の政治組織を完成させた。

新羅律令の頒布が五二〇年であるから、日本は新羅に百数十年遅れる形で、ようやく中国風の政治制度を整えたのである。

日唐の官制の比較

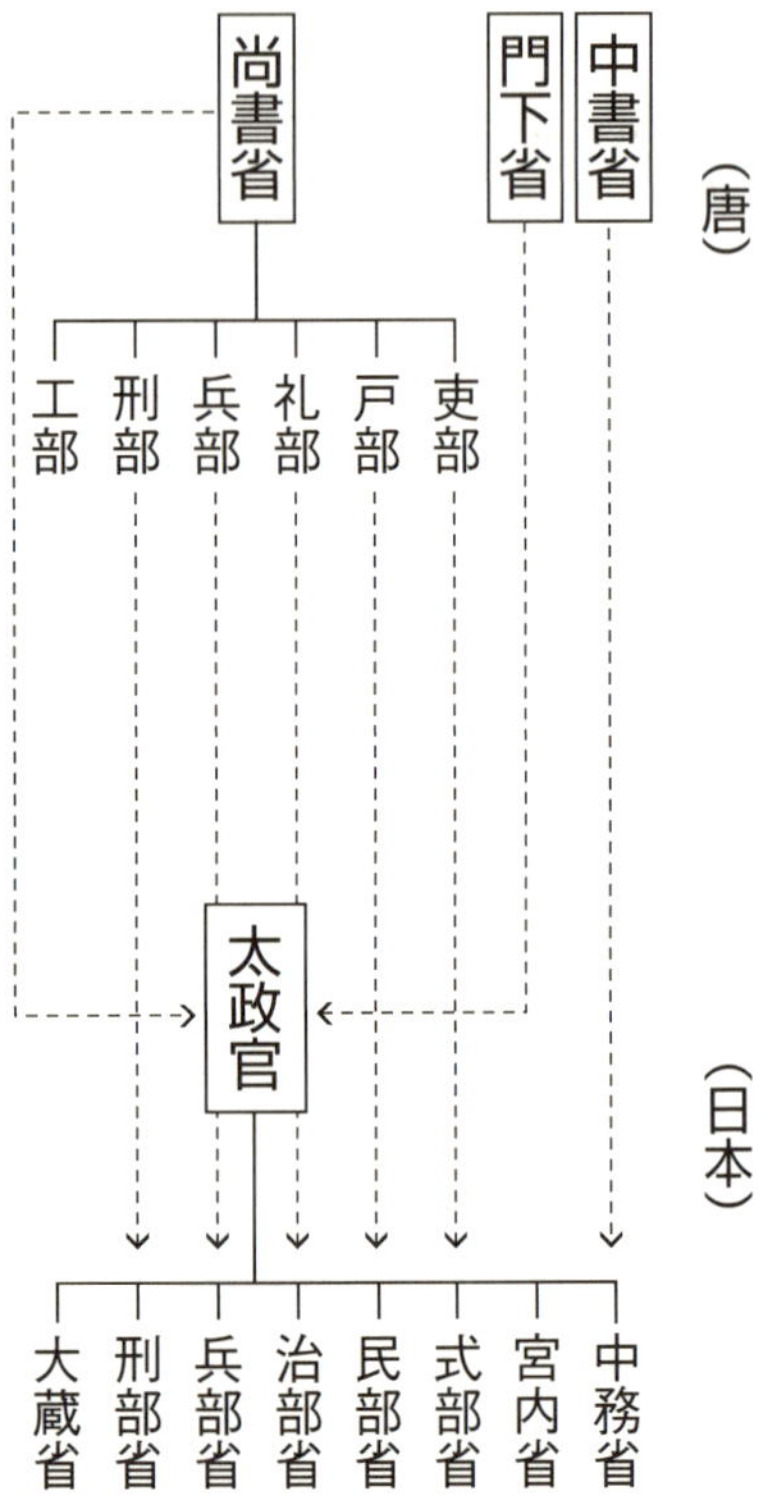

19　統一新羅と渤海

■渤海国の起こり

　新羅が朝鮮半島の主要部分を統一してまもない六九八年に、高句麗の流れをひく勢力が、北方に渤海国を起こした。地図に示したように、渤海国の領域は日本海沿岸の朝鮮半島の北部、中国東北地方南東部と、沿海州南部とをあわせた範囲である。

　この時期に、黄海がわの朝鮮半島北部で大同江流域以北にあたる範囲は唐朝の支配下におかれていた。渤海国は、韓民族的な面と非韓民族的な面とをもちあわせた国であった。

　しかし、韓国の歴史家の中には、この時代に今日の韓国の範囲が北側と南側とに二分されていた点を重視する者が多い。そして、前（16頁）に述べたように渤海と新羅とが並立していた時期を「韓国の南北朝時代」ととらえる。

　渤海国を起こした大祚栄《だいそえい》は、高句麗滅亡後に唐に反抗した高句麗の遺民の指導者であっ

統一新羅と渤海（8世紀頃）

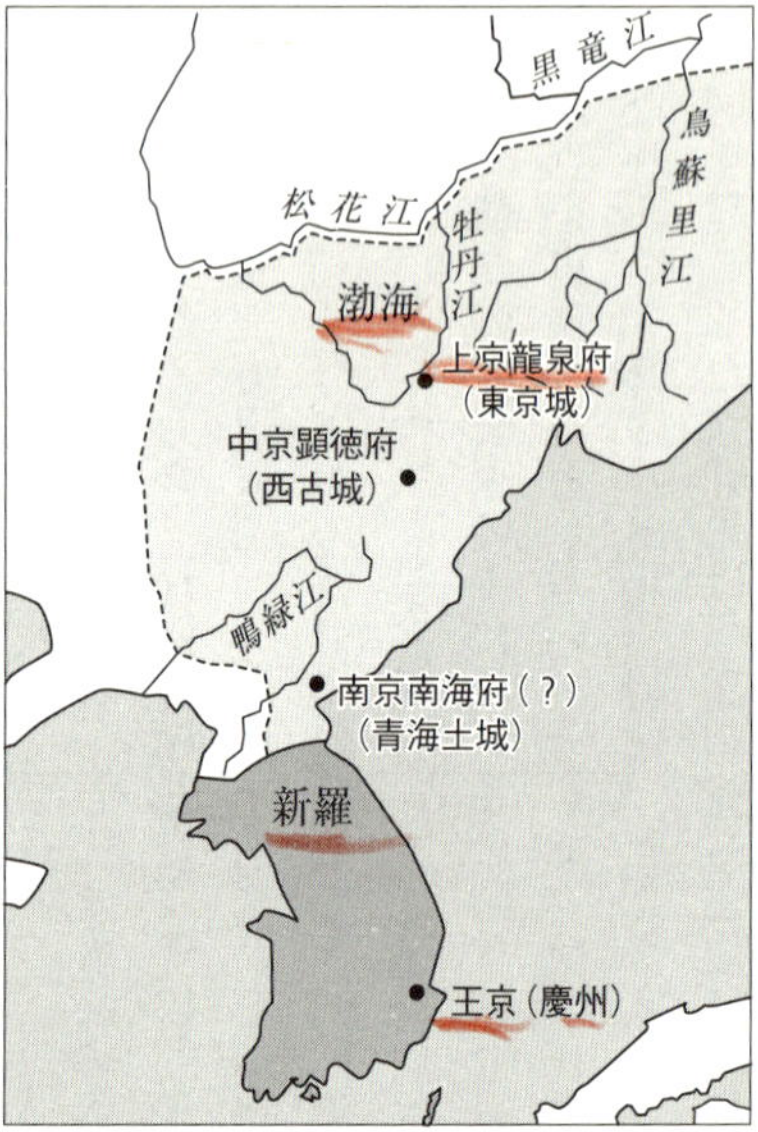

たと考えられている。かれは、六九八年に東牟山《とうぼさん》（吉林省《きつりん》敦化《とんか》）に本拠をおいて自立し、震《ちん》国と称した。震国は靺鞨《まっかつ》諸部族（松花江流域を本拠とするツングース系の人びと）を支配下におさめて発展し、七一三年には国号を渤海と改めた。

それからまもなく、都を上京龍泉《じょうきょうりゅうせん》府《ふ》に移し、そこに唐の長安にならった壮大な都城を築き、唐風の三省六部から成る官制を整えた。このあと渤海は、唐の人びとから「海東《かいとう》の盛国」とたたえられるほど文化的に繁栄した。

■新羅の支配の特性

八世紀に入ると、新羅と唐との安定した関係が確立し、朝鮮半島での戦乱もおさまった。

上京龍泉府

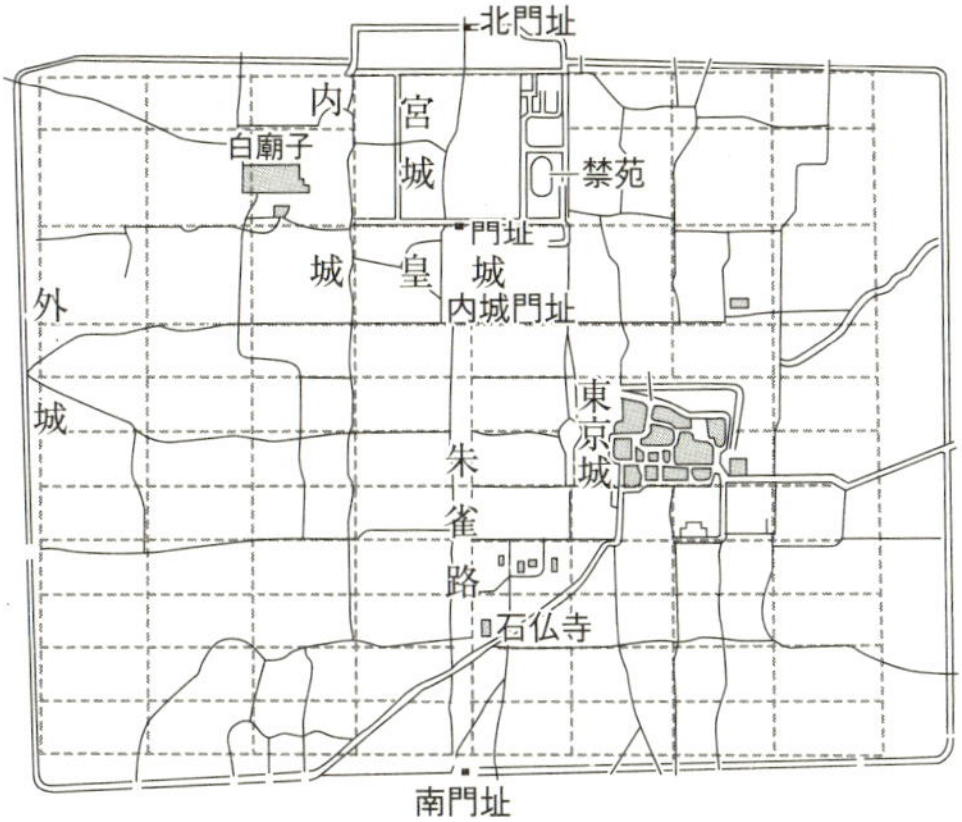

南北3.4km、東西4.9kmの外城の中央北部に宮城があり、宮城南門をはいると南北に5つの宮殿が配置され規模の壮大さを誇った。

武田幸男編『朝鮮史』山川出版社より

新羅は、極端な一極集中型の中央集権政治をとった。そのため、都の慶州に全国の富が集中して、そこに華やかな中国風の王朝文化が育っていった。慶州の人口は一七万戸にも達した。新羅では、骨品《こっぴん》制とよばれる代々うけつがれる真骨《しんこつ》以下の身分を重んじる、貴族政治がとられた。各階層間に婚姻規制がとられたため、貴族層の間では血族結婚がさかんだった。

骨品制は地方人を排除した、六部（90頁参照）とよばれる中央の貴族だけをくみ入れた閉鎖的な身分制であった。

新羅の官制は、唐の官僚組織と異なる上大等（サンデドゥン）や執事部（チプサブ）が権限を握る、骨品制に対応する独自性のつよいものであった。

骨品制の構造

真骨	六等品	五等品	四等品	三等品	二等品	一等品

四世紀の大和朝廷の全国統一のときに、日本の地方豪族は、自分の勢力圏における支配圏を認められたうえで朝廷に従った。ゆえに吉備氏、出雲氏などの有力な豪族が六、七世紀まで地方で大きな勢力をもつことになった。さらに、奈良時代になってもかれらの子孫にあたる郡司には大きな権限が与えられていた。

ところが、新羅では王家に従った地方の諸勢力はすべて移住させられて中央貴族になった。前にあげた金官加耶国の王家、金氏はそのようなものの一例である。

このちがいが、日本と韓国の歴史をちがったものにした。武士が起こったとき日本には、郡司というかれらが倒すべき目標物があった。そのため、郡司の一郡支配を崩す形で、個々の村落を支配する領主である武士が成長していった。

ところが、新羅では地方の有力者の目がすべて中央にむいていたため、日本の武士階級に相当するものは出現しなかった。

■日本と新羅、渤海の交流

新羅は、高句麗を倒してまもない六六八年九月に金東厳（キムドンオム）の一行を日本に送り、親交を求めている。日本国内では、この時期に白村江の敗戦にたいする恨みから新羅に反発する声がつよかった。しかし、新羅使はたびたび日本を訪れた。そして、天武天皇が朝鮮半島の大勢が新羅に傾いたことをさとったことにより、日本は天武五年（六七五）に大伴国麻呂《おおとものくにまろ》を大使とする、最初の遣新羅使を派遣した。

これにより、両国の国交は確立した。八世紀はじめまでは、日本と新羅の使節のやりとりは盛んだったが、唐の勢力が後退するにつれて、日本と新羅とが連携する必要性はうすれた。そのため奈良時代なかば以降、日本と新羅との国交はしだいに疎遠になっていった。

一方の渤海は、七二七年に最初の使節、高仁義（コインイ）を日本に送っている。これは、唐が新羅と組んで渤海を攻撃しようとしたため、日本と結んでそれに対抗しようと考えてなされたものである。日本は、渤海を高句麗の継承国とみたうえで、それ以後、渤海でさかんに使者のやりとりをしている。八世紀に、唐の東方で、唐風の支配をとりながら中国と異質な文化をもつ、渤海、新羅、日本の三国がならび立つ形がつくられたのである。

20　平安王朝の繁栄と新羅の滅亡

■藤原仲麻呂の新羅遠征計画

日本と渤海との友好関係が確立された七三〇年ごろから、日本と新羅との仲は悪化した。このことによって遣唐使は新羅沿岸経由の北路を使えなくなり、困難な南路か南島路をとらざるを得なくなった。

このため、遣唐使がしばしば難破した。新羅の記録に、七三一年に三〇〇隻の倭寇が新羅の沿岸地方を襲ったとある。そして、『三国史記』の七四二年の箇所に、日本国の使者がきたがうけつけなかったと記されている。

日本は天平勝宝五年（七五三）に小野田守《たもり》を遣新羅大使として送っているが、その年の『三国史記』の記事に、日本国の使者がきたが傲慢でしかも無礼だったため、景徳《けいとく》王は会わずに追い返したとある。

遣唐使の入唐路

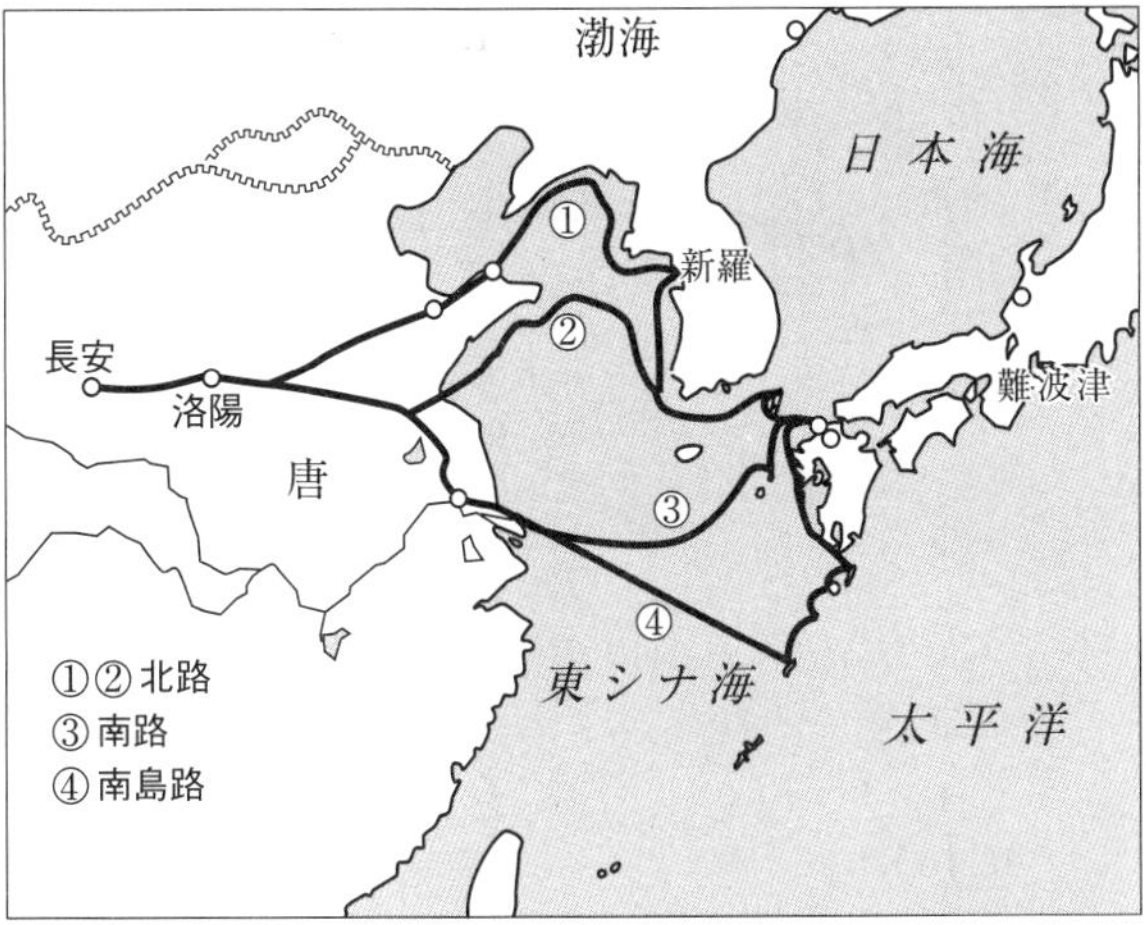

森克己『遣唐使』至文堂 他より

この時期の日本は、新羅を自国の属国とみなしていた。これは、七世紀はじめに新羅が百済との戦いを有利にすすめるために、日本を正面から敵とすべきではないと考えて、聖徳太子のもとに朝貢使を送ったことにもとづくものである。

これに対し、新羅はあくまでも自国は日本と対等だと主張した。そのため小野田守の扱いに不満をもった当時の権力者、藤原仲麻呂は武力を用いて新羅を屈服させようと考えた。

かれは天平宝字四年（七五九）に大宰府《だざいふ》（九州を治める役所）に新羅遠征の準備を命じている。しかし、国内では対外戦争に反対する声がつよかった。そして、天平宝

慶州

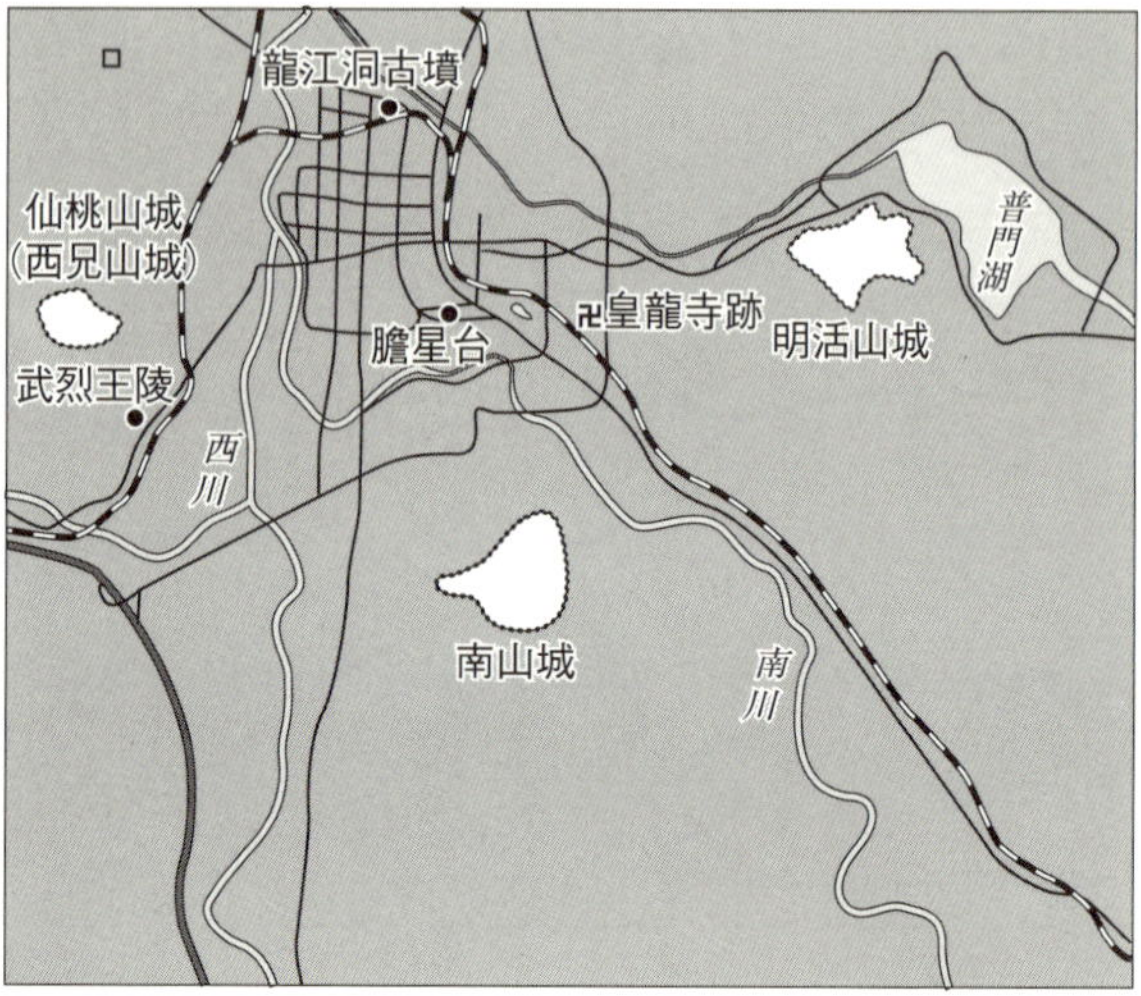

字九年（七六四）の仲麻呂の失脚とともに、新羅遠征計画は中断された。

■新羅文化と国風文化

これまで述べたようないきさつで、八世紀なかばには日本と新羅とは断交状態になった。このことがきっかけになって、日本と韓国でそれぞれ独自の文化が育っていくことになる。

七、八世紀の新羅では独自の仏教文化が栄えた。慶州には四天王寺（サチョンワンサ）、感恩寺（カムンサ）、奉徳寺（ポンドクサ）、奉恩寺（ポンウンサ）といった官寺的性格をもった大寺院がつくられた。新羅寺院のおもかげは、今日の慶州にある仏国寺（プルグクサ）などにうかがえる。それは六世紀に建立され、八世紀に拡大された壮大な寺院で、石組みの多宝塔で知られる。

貴族層は、儒教や漢詩文を積極的に学んだ。これが李朝時代の儒教の繁栄の基礎をつくったといえる。さらに、新羅時代には韓国語を漢字の音と訓を用いて表記する郷札（ヒャンチャル）、吏読（イドゥ）も広まっている。

新羅の貴族文化は中国趣味のものであった。日本でも、平安時代はじめにあたる九世紀まで、中国風の文化が育っていた。ところが、九世紀末の遣唐使廃止をきっかけに、日本で仮名、和歌、大和絵、寝殿造などから成る、国風文化とよばれる独自の貴族文化が芽生えていった。

そして、九〇七年にはじまる唐朝滅亡をきっかけにした中国の混乱の中で、日本固有の文化への指向が加速した。そのため、このころから「やまとだましい」という言葉がひろくつかわれるようになっていった。

■三国の対立

九世紀末に新羅は急速に衰えた。これは、唐の後退と深くかかわるものとされる。新羅の衰退は、各地で反乱があいつぐ形ではじまった。ついで、地方の有力豪族が続々と勝手に自立し、新羅王家は僅かに朝鮮半島東海部を押さえるだけの小勢力になった。

農民反乱の指導者から成り上がった甄萱（キョノン）が、八九二年に光州《こうしゅう》で後百済《ごくだら》を建国した。このあと、弓裔（クンイェ）という者が、朝鮮半島中部を押さえ九〇四年に王と称し国号を魔震（マジン）ついで泰封（テボン）とした。かれは、高句麗の後身だと自称した。

新羅、百済、高句麗がふたたび出現したようなこの時期の政情を「後三国」とよぶばあいもある。

そして、九一八年に王建（ワンゴン）が弓裔を追い落としたことをきっかけに、朝鮮半島は統一にむかいはじめた。

王建の一族は、代々都からはなれた松獄（ソンアク）（いまの開城〈ケソン〉）の豪族であったが、王建は弓裔に従ったのちに自ら高麗王朝を立てたのである。そして、高麗は九三五年に新羅、翌九三六年に後百済をあわせて朝鮮半島を統一した。高麗の成立により韓民族は北方に領域を広げ、韓国は新たな段階に入る。

21　高麗の北方経営と両班制

■渤海の滅亡

高麗は自ら高句麗の後身と称したこともあって、高句麗の故地の支配に力を入れた。高麗の都の開京（ケギョン開城）は慶州より北方にあったが、王建はさらに、九一八年の建国と同時に従弟の王式廉（ワンシンニョム）を平壌に送って、北境の押さえとしてそこを支配させた。

高麗の範囲

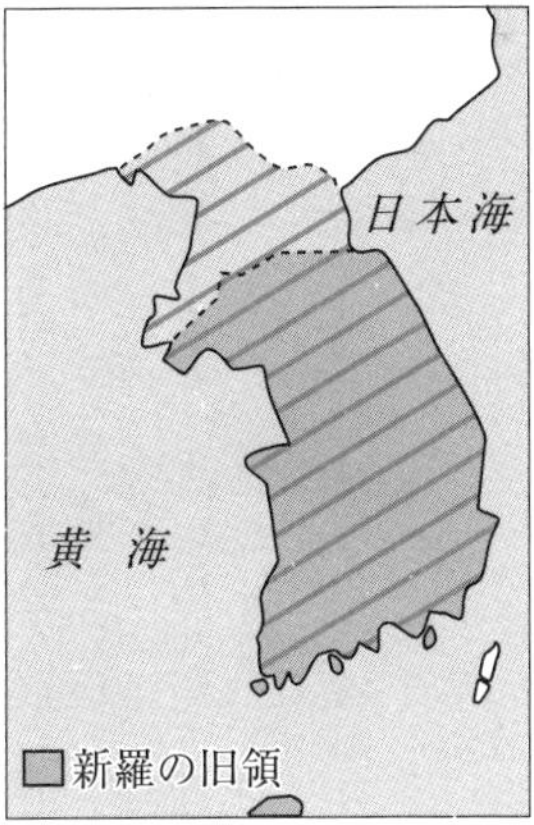

平壌は新羅の旧領の北のはずれに位置していたが、王建支配のもとでそこは西京（ソギョン）と名づけられ、開京につぐ要地とされた。王建が多くの移民を送り込んだことにより、高麗の領地は

西京（平壌）より北方に大きくひろがっていった。

渤海は、九二六年に契丹《きったん》に滅ぼされていた。契丹はやがて遼《りょう》朝を起こし、中国の北宋《ほくそう》朝と激しく対立する。一方、沿海州方面では女真《じょしん》族の活躍が目立つようになった。

このため、高麗はいく度も契丹や女真族との戦いを行なった。そして、一〇三三年から一〇年余りをかけて鴨緑江は下流域から定州に及ぶ大規模な「千里の長城」を築き（119頁の地図参照）、北方からの侵入に対抗するようになった。

高麗王家

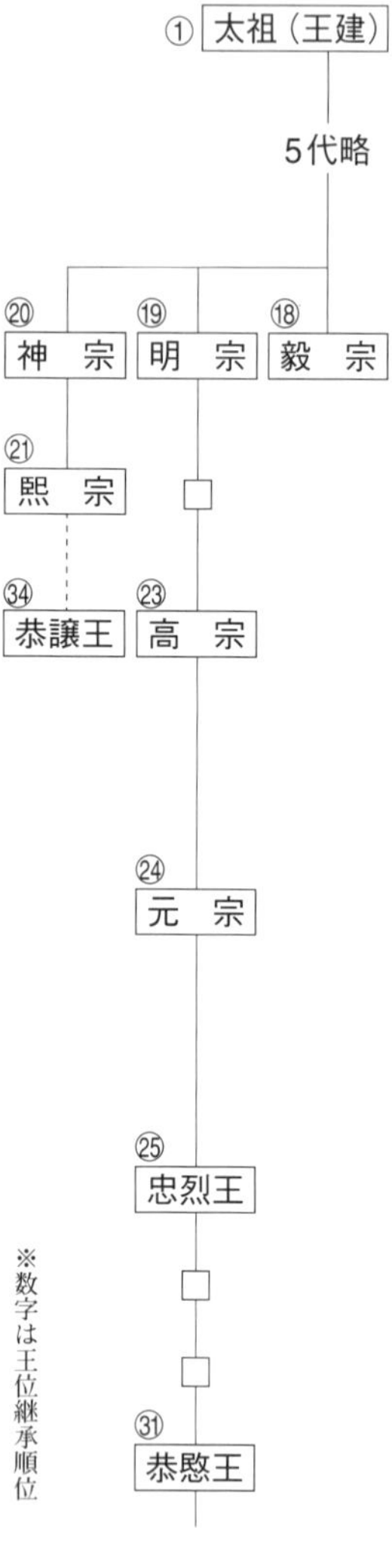

※数字は王位継承順位

■科挙のはじまり

高麗は、九五八年に中国にならって科挙《かきょ》をとり入れている。科挙は、隋代（六世紀末）にはじまる科目試験によって官僚を登用する制度である。

高麗では、門閥貴族の支配にあわせた中書門下省《ちゅうしょもんかしょう》と尚書省《しょうしょしょう》との二省が政治の中心をとりしきる中国風の律令官制（100頁参照）がつくられた。それは、骨品制の上に立つ新羅風の官制と異なる性格のものであった。そして、それを構成する文班（ブンバン）や東班（トウバン）とよばれる文官は科挙で登用された。この他に武班（ブバン）や西班（セイバン）とよばれる武官もいた。

文班と武班（東班と西班）とをあわせて、両班（ヤンバン）という。高麗支配のもとで、両班官僚のあいだで、手に入れた地位や特権を氏族内につたえていこうとする動きがつよまっていった。このため、両班階級が限られた貴族層とされるようになったのである。高麗の貴族政治は、新羅のものほど閉鎖的で出自を重んじたものではなかったが、それは地主層が成長して貴族化するみちをふさぐ形をとっていた。

こういった動きは、新羅が土豪の反乱で滅んだことを考慮した高麗王家が、地方官の権限をつよめ、地方豪族の封じこめをはかったことから生じたものである。高麗王家に両班官僚を優遇するために、かれらに農民つきの土地を支給する田柴科（チョンシグワ）という制度を整備した。これにより、高麗には在野の有力者が存在できなくなり、高級官僚になることが富貴を得る唯一のみちとなった。

両班の家では子弟を科挙に合格させようとして、かれらに儒教や漢詩文を学ばせた。そのため、両班は門閥貴族であるとともに知識階層となっていったのである。

■高麗の儒教と仏教

日本には、科挙がとり入れられなかった。そのため戦国時代まで武士階層の多くが漢文などの素養をもちあわせていなかった。つまり、支配階級と知識階層とが一致していなかったのである。江戸幕府が朱子学を奨励するようになるまで、日本の知識人の大部分は僧侶であった。豊臣秀吉のように、漢字をほとんど知らない有力者まで存在し得たのである。

このちがいは、どこからくるのであろうか。公家であれ武家であれ近代以前の日本の支配層の大部分は、自分の境遇に満足していた。かれらは、支配層全体を天皇を頂点とする運命共同体ととらえ、天皇支配のもとで有能な者が政治を担い権力を握るのは当然のこととうけとめていた。

ところが、中国や韓国の前近代には、ごく一部の者だけが権力を独占する政体が続いた。中国で科挙がもっとも重んじられた北宋代ごろ（一一世紀前後）の「読書人身分」とよばれる支配層の構成員はかなりの人数になるが、その中の高官にのぼれる人数はきわめて少ない。そうなると科挙のような難しい試験をつくり、権力から外れた支配階級の不満をそらす必要がある。

「自分は勉強が不得意で科挙にうからなかったから、いまの境遇にあってもしかたがない。だが、子や孫の一人が科挙にさえうかれば、大きな幸福が得られる」

こう思わせておけば、上流階級が権力のがわについてくれるからである。

科挙の盛行によって、高麗では儒教思想がしだいに重んじられるようになり、徳治主義が広まった。高麗代には、十二徒《と》とよばれる一二の私学が栄えた。儒教的な宮廷儀礼の整備もすすみ、『詳定古今礼《しょうていこきんれい》』という儀式書がまとめられた。

金富軾《きんふしょく》の手に成る中国風の正史『三国史記《さんごくしき》』もつくられている。

中国風の文化が貴族層に好まれたために、仏教文化も栄えた。一〇二〇年ごろから『高麗大蔵経《だいぞうきょう》』の印刷がはじめられている。（一二三六年にはモンゴル退散のために『大蔵経』が再彫された）これによって高麗の仏典研究の水準の高さがうかがえる。

この時期の高麗で都を中心に中国的な貴族文化が栄えたのに対し、同時期の日本で文化の地方への普及と庶民化が目立つことに注目したい。

浄土宗、浄土真宗、禅宗（臨済宗、曹洞宗）、日蓮宗、律宗などの庶民相手の平易な仏教が、鎌倉時代に栄えた。また、『平家物語』や絵巻物など、ひろい範囲の人びとを対象とする素朴な文学、美術も、もてはやされるようになっている。

このように、鎌倉時代と高麗代に、武士の世界である日本と貴族優位の韓国とのちがいが目立つようになってきたのである。

第４章　高麗から李朝へ

亀甲船復元模型

22　モンゴルの高麗侵入

■女真人との戦い

寒冷な沿岸州にいたツングース系の女真人《じょしんじん》は、前々からしきりに温暖な朝鮮半島東北部への侵入をくり返していた。そして、一一世紀後半に女真人の勢力がつよまったために、高麗《こうらい》の将軍、尹瓘《いんがん》は一一〇七年に咸興（ハムフン）附近に九つの城（尹瓘九城）を築き、女真人を統制しようともくろみた。

しかし、高麗は女真人の成長に抗しきれず、一一〇九年にそこを放棄した。このあと、女真人は一一一五年に金朝を建国し、一一二四年には遼朝を破り、一一二六年に北宋の都、開封《かいふう》を陥した。これによって、金朝が中国の北半分を抑えることになった。この時点の女真人の関心は韓国より、中国支配にむけられていたのである。

この後、高麗は北宋にかわって金の朝貢国となった。

高麗前期の北部要図

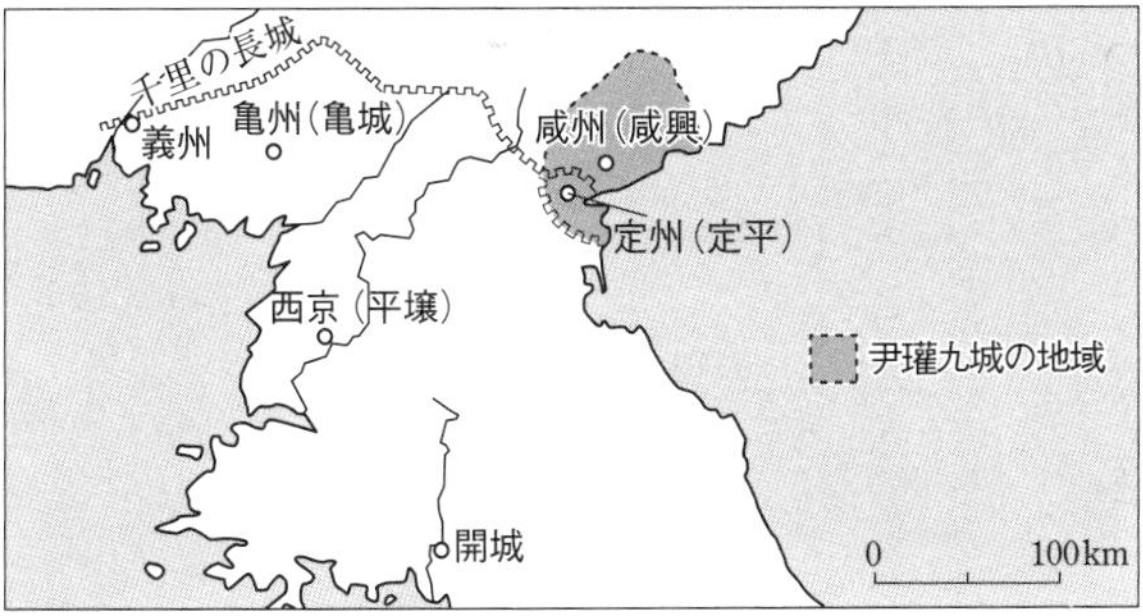

■武臣の反乱

北宋の滅亡のあと、高麗支配の後退が目立つようになった。一一三五年に僧妙清（ミョチョン）を中心とする西京の人びとが、西京への遷都を唱え反乱を起こした。これに、朝鮮半島西北部の住民の大部分が加担した。

この反乱は、金富軾（115頁参照）の手で平定されたが、それからまもなく支配層の内紛が深刻化した。

一一七〇年に武臣の鄭仲夫（チョンチュンブ）が反乱を起こし、国王毅宗《きそう》を殺して文臣を弾圧した。かれは、明宗《めいそう》を立てて実権を握った。このあと、高麗は武臣政権の時代に入った。私兵をもつ実力者がつぎつぎに武力で実権を奪っていったのである。そして、各地で「民乱《みんらん》」とよばれる武臣政権に反抗する大小の反乱が起こった。一一七〇年から約一〇〇年ほどの間に、八〇余りの反乱が記録されてい

高麗の民乱

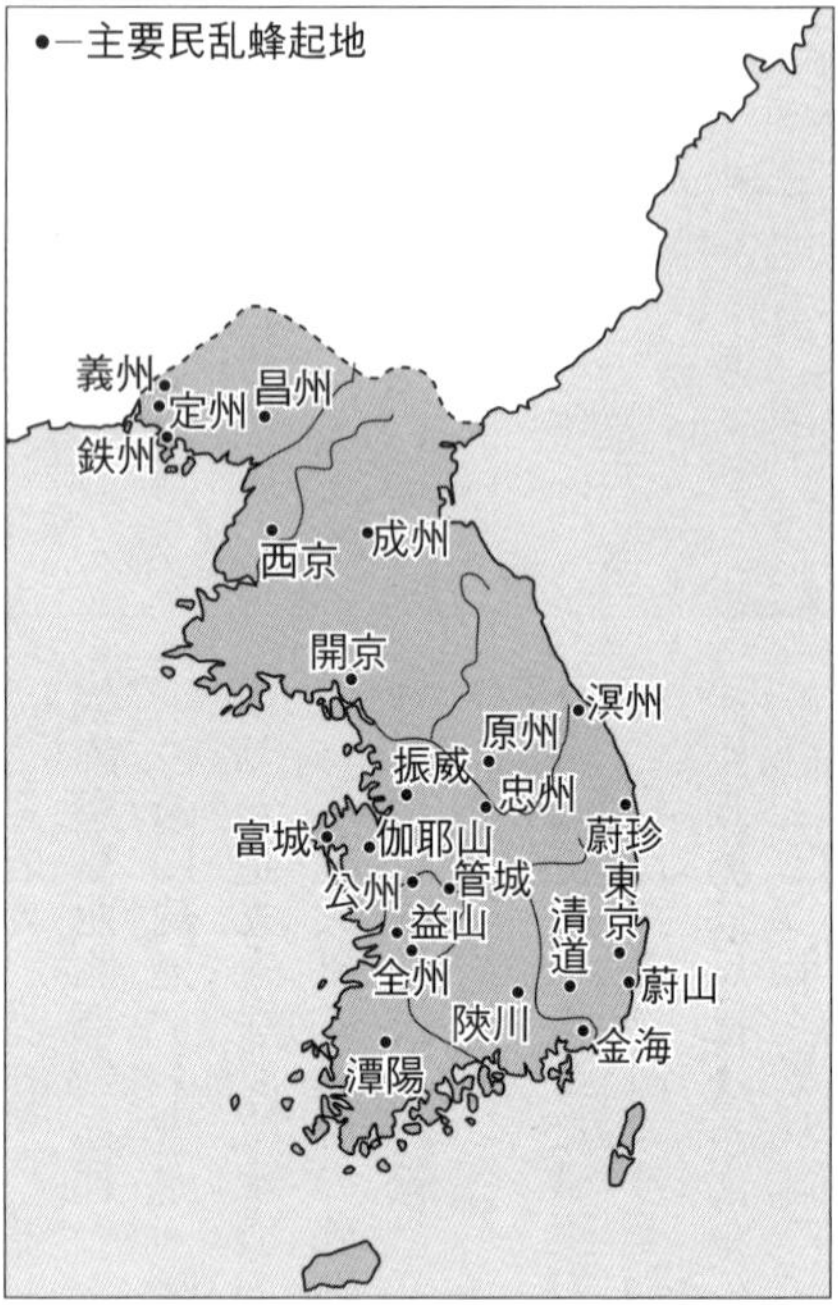

る。

このような混乱の中で、モンゴルの朝鮮半島への侵入がはじまったのである。

■開京の陥落

一三世紀のモンゴル高原に英雄チンギス・ハンが出現したことによって、世界史は大きく書きかえられることになった。チンギス・ハンは、一二〇六年にモンゴル人の集会でハン（君主）におされるとまもなく、東西に遠征をくりひろげ、一二二七年に亡くなるまでに、アジア・ヨーロッパにまたがる大帝国をつくり上げた。

チンギス・ハンは一二一一年に金朝の討伐作戦を開始している。当初、高麗はモンゴルとの協調策を指向し、一二一九年にモンゴル軍と協力して契丹族《きったん》を討ったりした。しかし、チンギス・ハンの子のオゴタイ・ハンの時代にあたる一二三一年に、モンゴル軍が大挙して高麗に侵入した。

このとき開京がモンゴル軍の包囲をうけたが、和議が成りモンゴル軍はいったんは引き返した。この争乱で『高麗大蔵経』の初彫板木が焼けている。

高麗は、一二三二年に都を防備に適した江華島に移し、モンゴルに対抗しようと企てたが、その後もモンゴルの侵入は断続的に続いた。一二三八年には、モンゴル軍は慶州まで南下し、皇龍寺（ファンヨンサ）の木造九層塔を焼いた。

一二五七年にはモンゴルの将軍、車羅大《しゃらだい》が大軍をひきいて南下してきた。かれは、軍事作戦を展開しつつ、外交交渉も試み、高麗の太子がモンゴルを訪れるなら撤兵してもよいと唱えた。

この動きの中で、高麗のがわで徹底抗戦を唱えた武臣の催氏《さい》政権が倒れたため、高麗王高宗《こうそう》は一二五九年にモンゴルに降伏した。これにより、約三〇年に及ぶモンゴルとの抗争がようやくおさまったが、韓民族はこのあと漢代（前漢・後漢）、唐代につぐ三度目の中国方面の勢力による支配をあじわうことになった。

23　蒙古襲来と高麗軍

■鎌倉幕府と武士の成長

日本では一〇世紀に武士が起こり、一一世紀末には有力な武士団が地方政治の実質的な担い手となった。そして、一二世紀末に平清盛の手で、最初の武家政権とよぶべき平氏政権がつくられた。

清盛は、貴族風の贅沢な生活を好み、藤原氏をまねて娘の平徳子《とくこ》（建礼門院《けんれいもんいん》）を后に立て、皇室の外戚となる政略をとった。ところが、このような方式が地方の武士の反発をかい、平氏政権は短命におわった。そして、平氏を倒して政権を握った鎌倉幕府は、「武家のならい」などと呼ばれる独自の道徳をつくり上げた。それは武勇をみがき、主君に忠義をつくし、質素で恥を知る生活態度をとり、一族のつながりをたいせつにする考えである。

これがのちに武士道になり、さらに今日の一部の古風な考えをとる日本の男性の生きかたの中にうけつがれた。こういった武士の道徳は、贅沢にふけり、色好みを誇り、謀略にあけくれる上流貴族の生きかたとはあい容れないものであった。

武士たちは、皇室は尊敬したが、心の底では臆病者の青白い貴族を軽蔑していた。そして、承久三年（一二二一）に起こった承久《しょうきゅう》の乱が、朝廷にたいする武家の優位を確立した。このとき、後鳥羽《ごとば》上皇が組織した軍勢が、鎌倉幕府の精鋭に一方的に敗れ、これ以後、幕府が六波羅《ろくはら》探題《たんだい》を置いて朝廷を監視するようになったのである。

当時の幕府の指導者であった北条氏は、天皇に仕えて高位に昇り貴族化するみちをとらず、地方の領主として生きる方向を選んだ。

平安時代までの日本は、新羅や高麗と同様の貴族政権であった。ところが、平安時代末から鎌倉時代はじめにかけて日本が武家政権に転換したのに、韓国では李氏朝鮮のおわりまで貴族政権がつづいた。このような形の貴族から武士への交代が、日本と韓国の歴史を異なったものにした。このことについては、このあともさまざまな形で説明していく。

■モンゴル軍九州へ

モンゴル軍の本格的な侵入をうけた場合の、日本と韓国の対応はまったく異なるもので

元朝の範囲（13世紀後半）

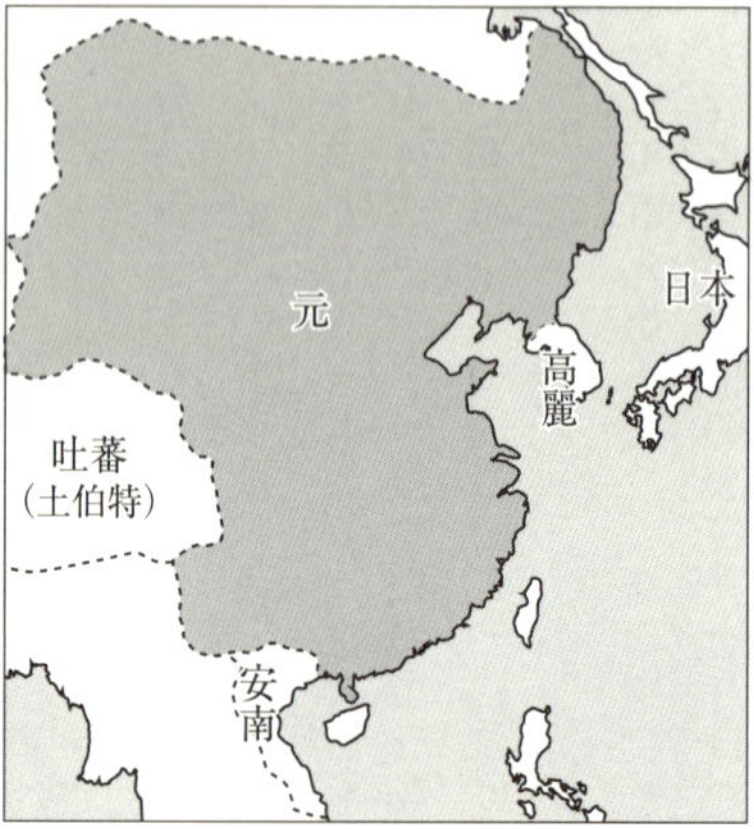

あった。高麗王家が降伏すれば朝鮮半島を支配できるが、個々の武士が独立した小勢力としてならび立っていた日本は、地方の武士の拠点を一つ一つつぶしていかない限り支配できない。

元に降伏したあと、高麗王家はモンゴル政権の中にくみ入れられることになった。高麗王が、元の駙馬《ふば》（皇帝の娘婿）として遇されることになったのである。

一二七四年に高麗の忠烈王《ちゅうれつおう》は、元のフビライの娘、斉国大長公主《せいこくだいちょうこうしゅ》を后に迎えている。これ以後、高麗王は代々モンゴル帝室から后をもらうことになった。このような親密な関係のうえに、元朝はしばしば高麗に忠誠の証しを求めたり、高麗の政治に介入した。

元のフビライは、高麗のつぎにその東方の日本を従えたいともくろんでいた。そのため、文永八年（一二七一）に朝貢を求める国書を日本に送った。

そして、鎌倉幕府がモンゴルの要求を断ったため、元朝は、文永一一年（一二七四）に

13世紀の高麗

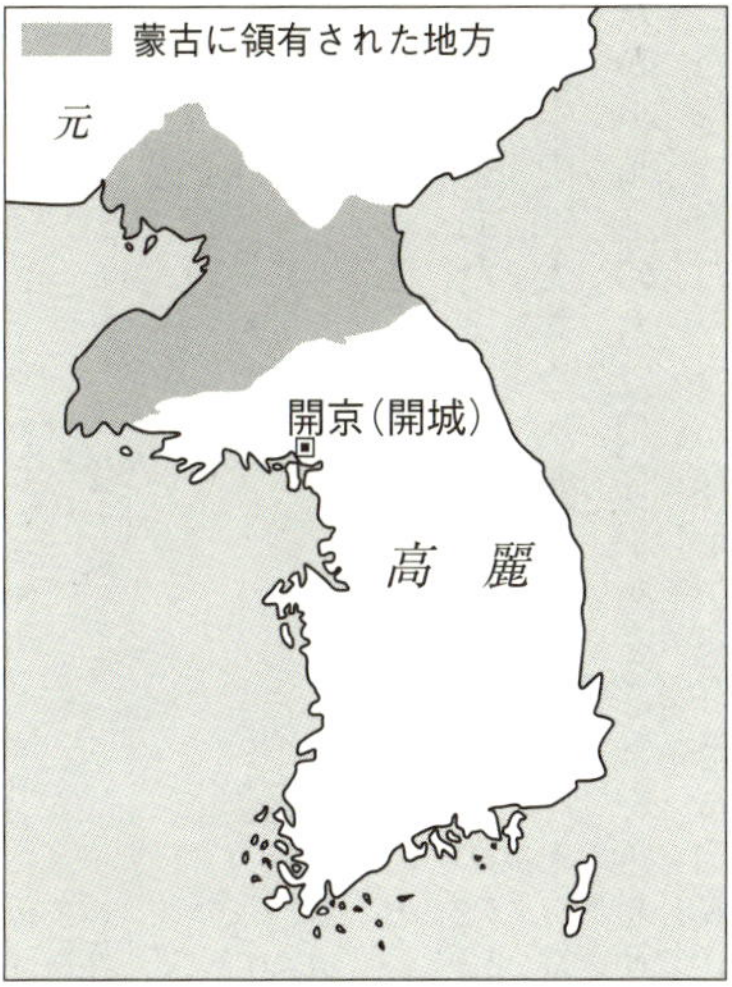

モンゴル軍約二万人、高麗軍約六〇〇〇人と高麗人の漕手《こぎて》、雑役夫約七〇〇〇人から成る大軍を、対馬、壱岐経由で博多に送りこんだ。これが文永《ぶんえい》の役である。

■敗れたモンゴル軍

文永の役のとき、日本軍は博多湾沿岸でモンゴル軍と戦って敗れている。しかし、その夕方モンゴル軍はいったん船にひき返した。そして、その夜の台風がモンゴル軍に大損害をあたえ、日本は戦わずに勝つことになった。このとき、日本は難破した敵船から逃れた者を多く捕虜にした。そして、モンゴル人は斬り、高麗人は許している。

文永の役のあと、フビライは日本征服の望みをすてず、一二八〇年に高麗に日本遠征のための征東行省《せいとうこうしょう》をおいた。このとき、高麗の忠烈王がその長官に任命されている。この征東行省は、日本征服の企てがとり止めになった後にも高麗にのこり、高麗王がその長官と

蒙古襲来(元寇)

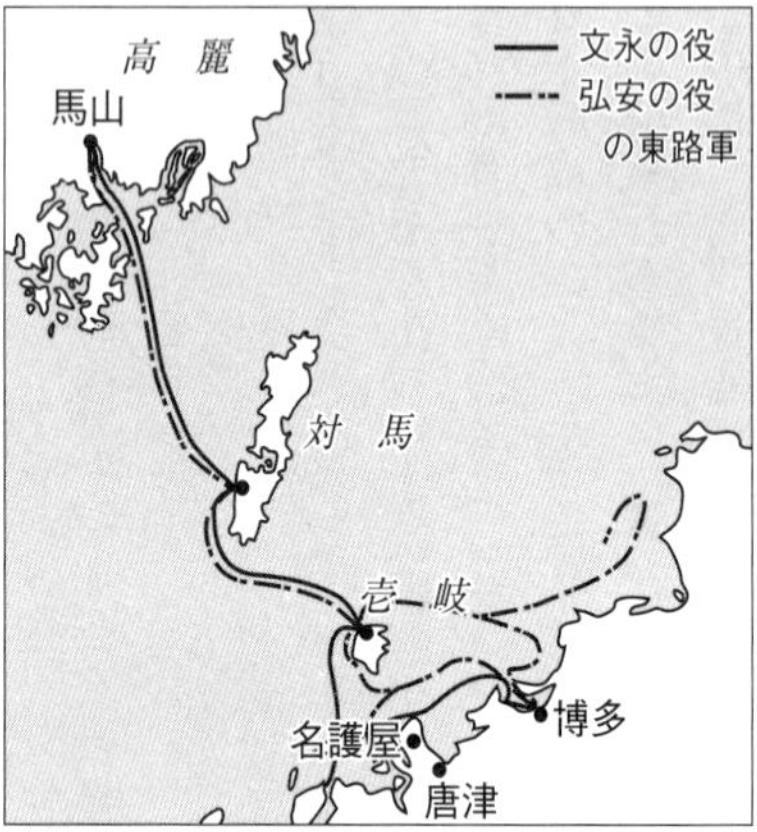

して高麗を管轄する形がうけつがれた（厳密にいえば一二八〇―八七年の間に征東行省の廃止、復活が二度あった）。

元朝は、弘安四年（一二八一）にも、主に高麗人から成る約四万人の東路軍《とうろぐん》と、南宋の遺臣を中心とした中国人で編成した約一〇万人の江南軍《こうなんぐん》とで日本に攻めよせた。弘安《こうあん》の役である。

このときの元軍は日本軍に上陸を阻まれ、海上で台風にあって敗れている。

元寇によって、西日本の武士の韓国に対する反感がつよまることになった。また、このときの出費が鎌倉幕府を支える武士層の財政に大きな痛手をあたえ、幕府が倒れるきっかけになった。モンゴルは、日本を征服できなかったが日本史に大きな影響を及ぼした。モンゴルの大軍と対決したあと、日本の武士たちは個々の小領主の力に限りがあることをさとり、団結してつよい軍事力をもつ方向を指向しはじめた。その一つの答えが室町幕府の成立となった。

24　倭寇と李朝の成立

■倭寇の発生

　鎌倉幕府の支配のもとで農村の治安が安定したおかげで、国内の農業技術がめざましく発展した。西日本を中心に、二毛作、鉄製の農具や牛馬を利用した農耕、草木の灰の肥料の使用が広まったのである。これによって豊かになった武士や上層農民のための贅沢品を扱う行商人の活躍がさかんになり、各地で日を決めて市《いち》をたてる三斎市《さんさいいち》もひらかれた。

　このような商業の発達の中で、朝鮮半島からの輸入品が求められ、西国の武士と高麗との貿易がさかんになった。当時、日本と高麗との間に正式の国交がひらかれていなかったので、日本の商人たちの行動は密貿易の形をとらざるを得ない。それゆえ、日本の貿易船は、高麗の役人や土豪の干渉を退けるために、武装した。

　このような貿易に従事する武士の中に「倭寇《わこう》」とよばれた海賊がいたわけであるが、近代的な国際法がない時代は、すべての貿易商人が海賊になる可能性をもっていた。

■海賊の時代

西日本の武士が高麗の商人と商談を試み、値段がおりあわず喧嘩になれば、日本人が悪者とされて「海賊」になる。余計な言いがかりをつけて外国人の貿易商から多額の賄賂を要求する高麗の役人に反抗すれば、「海賊」として高麗軍に追われる。

そうなると西日本の武士の中から、平和な貿易を求めて高麗に行っても命の危機にさらされるなら、最初から戦うつもりで海賊行為をしてやれと考える者も出てくる。

こういった形で倭寇が発生し、それが元寇をきっかけに規模を拡大した。私たちはいまでも「海賊」という言葉から、勇敢で男性的な海の男たちといったイメージを思い浮かべるのではあるまいか。もしかすると、それは中世に倭寇となった人びとが、意図的に広めたつぎのような自慢話からつくられた観念が現代にまでうけつがれたものかもしれない。

「おれたちは命がけの航海をして、海のむこうの乱暴者たちをやっつけて宝を奪ってきた」

瀬戸内海沿岸を中心とする西日本には、平安時代から「海賊衆《かいぞくしゅう》」とよばれる海運に従事する小豪族が多くいた。そして、南北朝時代から戦国時代にかけて、かれらの中からめざ

倭寇の進出

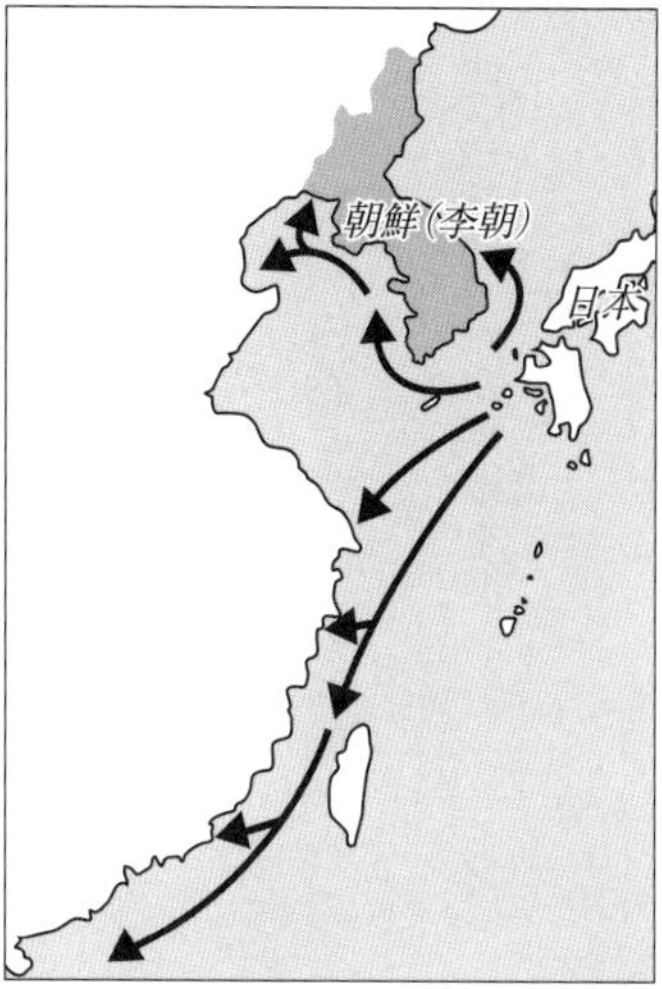

ましく成長し、「瀬戸内水軍」などとよばれ、室町幕府や戦国大名から一目おかれた者が出た。

倭寇としての活動が、瀬戸内水軍の成長をもたらした。海賊の自慢話をきいて倭寇にあこがれ冒険の航海に加わった農村の若者を加えて、かれらの兵力がめざましく拡大していったからだ。しかし、倭寇の実像は英雄ではない。弱い者いじめの盗賊である。ヨーロッパの海賊も、大航海時代の冒険者も似たようなものである。

■高麗の滅亡

一四世紀なかばに、元朝の勢力の後退が目立ちはじめた。そのため、高麗の恭愍《こんみん》王は一三五六年に反元運動をはじめ、元の年号の使用をとりやめ、元が占領した朝鮮半島北部を奪い返した。

この動きにより、高麗の宮廷では親元派と反元派との激しい争いがはじまった。

　高麗の支配は前から不安定で、武臣政権期には「民乱」があい次いでいた。元朝の圧力によりいったんは国内の混乱は表面化しなくなっていたが、農民層の高麗の貴族に対する不満は根づよかった。

　それに宮廷の無意味な混乱と、広域にわたる倭寇の活動が加わり、人心は高麗朝をはなれた。そういった中で、倭寇の防衛で活躍した将軍、李成桂《りせいけい》が頭角をあらわした。中国では、一三六八年に元朝から明朝への交代がなされた。しかし、高麗の親元派はその後も健在だった。一三八八年に李成桂は親明を唱え、軍勢をひきいて親元派の貴族を追い、都を征圧して高麗の実権を握った。さらに、一三九二年に高麗の恭譲王《きょうじょうおう》を追って新王朝をひらき高麗にとって代わった。これが、このあと五〇〇年余りつづく李氏朝鮮の起こりである。李氏朝鮮の成立とともに韓国独自の文化の育成が一段とさかんになっている。

高麗後期の五道・両界

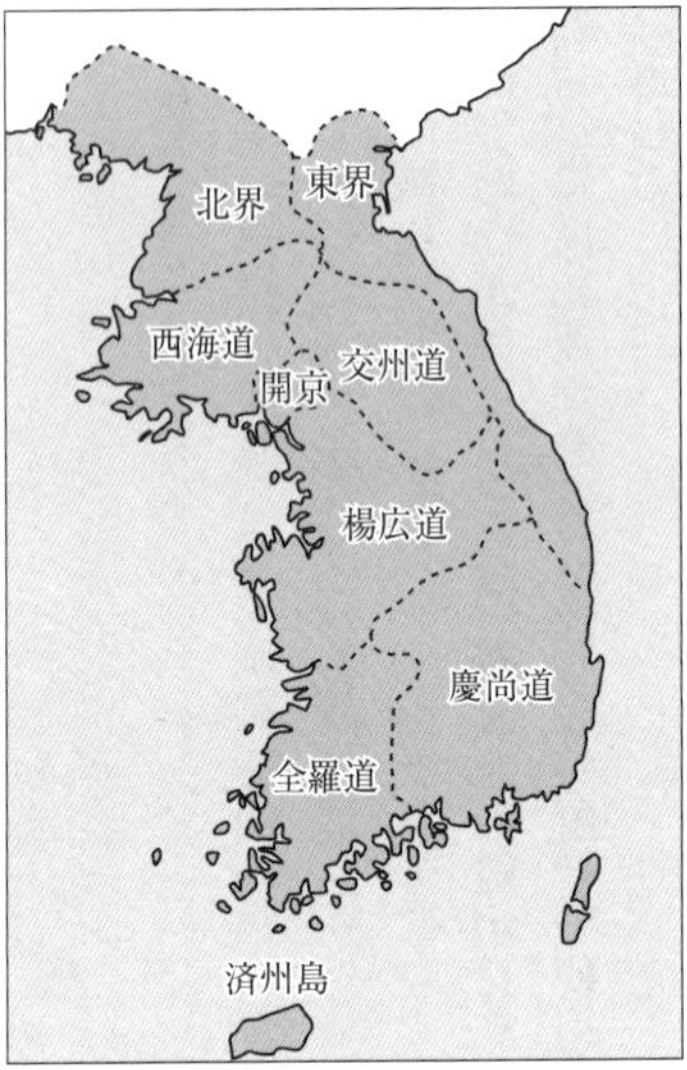

25　李氏朝鮮の繁栄

■両班支配の確立

朝鮮半島は、新羅代後半から高麗にかけての混乱期ののちに、李氏朝鮮の支配のもとで一四世紀末にようやく安定期をむかえることになった。

高麗は、多くの豪族勢力を中央政権にとりこんだ貴族支配をとっていた。それに対し、李氏朝鮮は新興中小地主層を基礎につくられた政権であった。中小地主層は、高麗代末に貴族や寺院の大土地所有を否定する運動を行ない、それに成功したのちに、李朝のもとで官僚であると同時に地主である両班身分になった。

きわめて閉鎖的な新羅の門閥貴族の政治から、中央貴族主導の高麗の貴族制、ついで地主層をくみ入れた李氏朝鮮の貴族支配と、韓国の貴族政治の性格は時代とともに開放的になってはいる。

中央のおもな行政機関

議政府	〔最高議決機関、官僚の統制と政務全体の統轄〕	
（六曹）	吏曹	〔文官人事〕
	戸曹	〔財政〕
	礼曹	〔儀礼、外交、学校、科挙〕
	兵曹	〔軍事、武官人事、駅伝〕
	刑曹	〔刑罰、訴訟、奴婢〕
	工曹	〔土木、営繕、工匠〕
承政院	〔王の秘書役、王命と官僚の王への上啓を出納〕	
義禁府	〔国事犯を扱う最高司法機関〕	
弘文館	〔経籍の蒐集と研究、国王文書の作成と補佐〕	
司憲府	〔官僚の不正の糾弾、風紀の矯正〕	
司諫院	〔王にたいする諫言と論駁〕	
漢城府	〔首都の行政、治安、司法〕	
承文院	〔外交文書の作成〕	
芸文館	〔王の教書等の作成〕	
校書館	〔経籍の刊行〕	
成均館	〔文官養成の最高学府〕	
春秋館	〔王の日常の記録と歴史の編纂〕	

しかし、近代以前の韓国で一貫して貴族政治がとられた点は重要である。

李氏朝鮮は、中国の尚書省と六部にならった議政府《ぎせいふ》と六曹《ろくそう》を中心とする大がかりな官制をつくり、科挙によって両班出身者を官僚に登用する体制をとった。

鎌倉幕府にはじまる日本の武家政権の官制は、きわめて簡素で実用的である。

京都の朝廷には、唐の官制にならってつくられた太政官《だじょうかん》を中心とする複雑な組織があったが、それは名ばかりのものになっていた。このちがいが、李氏朝鮮に保守的な性格をもたせることになったと思える。

李氏朝鮮（15・16世紀）

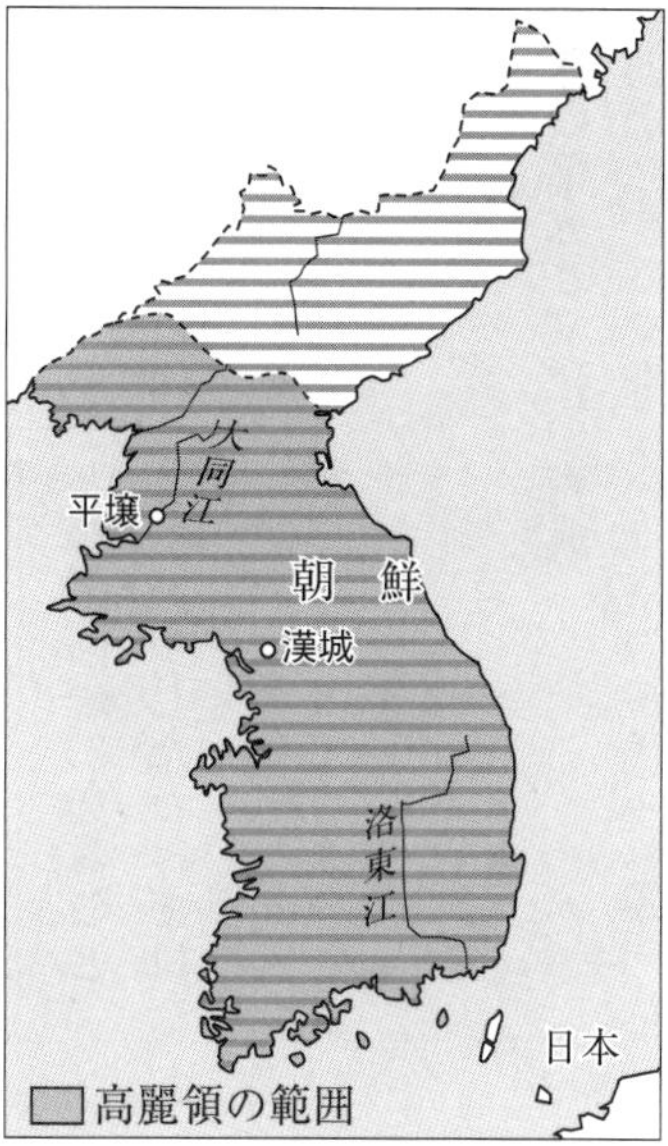

■あいまいな両班

「両班」という概念は、じつにわかりにくい。

朝鮮史の専門家でも、それを厳密に定義できないほど複雑なものである。

一つの時点の宮廷内、あるいは一つの時期の村落の中では、誰が両班で誰がそうでないかは明らかであった。両班の名簿である郷案《ごうあん》もつくられた。

しかし、両班と非両班とを区別する全国的な基準はどの時代にもつくられていない。

それでも、おおむね次の図に示したことが両班となる条件だという点は、誰もが了解していた。

出　自	科挙合格者を祖先にもつ。
居住形態	数代にわたって同一の集落に集団的に居住する。
生活様式	祖先祭祀と客への接待を重んじ、学問に励み自己修養をつんでいる。
婚　姻	代々両班出身者と結婚している。

両班であり続けることが、両班になることより、難しいようにも思える。しかし、両班の数が時代が下るにつれて減少したわけではなく、逆に両班の人数は後になるほどふえている（164頁参照）。そして、このような身分制のもとでは、いったん村落社会の外へ出た者は、商売で成功して富豪になっても人びとから軽んじられることになり、社会が停滞することになった。

■領域の拡大と文化の育成

李朝が立ってまもない世宗《せいそう》の時代（一四一八—五〇）に、北方経営がさかんになされた。

世宗王朝（15世紀前半）の領域拡張

このとき東北六鎮と西北四郡とがおかれたことによって、韓国の領域は鴨緑江と豆満《とうまん》江《こう》とに達し、朝鮮半島全体を押さえるものになった。

世宗は、朝鮮独特の表音文字であるハングルもつくっている。世宗の時代から一五世紀末にかけてが、李朝の黄金期とよぶべき時代であった。朱子学が両班の間に広まり、『高麗史《こうらいし》』、『東国通鑑《とうごくつがん》』といった史書や、『東国輿地勝覧《とうごくよちしょうらん》』という地理書がまとめられた。

さらに、農学も発達し、朝鮮半島中部以南に二毛作が広まっている。綿作もこの時代に朝鮮半島全域に普及し、このあと重要な輸出品となった。室町幕府の勢力後退によって日本が戦乱の世に向かっていたころ、韓国では李朝のもとの繁栄と平和がもたらされていたのである。

26　李朝と室町幕府

■足利義満の使者

南北朝の争乱の中で、倭寇の活動がさかんになった。この時期に、倭寇は財物を略奪するだけでなく、韓国の民衆を力づくで日本につれ帰るようになった。

『高麗史』には、倭寇のために慶尚道《けいしょうどう》の興善島《こうぜんとう》が「人物皆亡」となったとある。高麗は室町幕府や幕府が九州に送った九州探題《たんだい》、今川了俊《りょうしゅん》のもとに使者を送り倭寇の禁圧を求めたが効果はなかった。

元中九年（一三九二）は、李氏朝鮮が立ち日本では南北朝合一がなった、日韓の歴史の画期となった年であった。

この年、李成桂が幕府に僧覚鎚（カクチュ）を送って親交を求め、それに対して足利義《よし》満《みつ》が僧寿允《じゅいん》を朝鮮に派遣している。

それからまもなく、室町幕府は李氏朝鮮の繁栄をみて、韓国との貿易の利益に目をつけるようになった。

そのため、応永一一年（一四〇四）に足利義満が「日本国王源道義《どうぎ》」の名前で正式な使節を李氏朝鮮に送っている。これにより、両国間の正式の国交がひらかれた。

これ以後、室町幕府の崩壊までの間に日本国王使が六〇余回派遣される。

■優遇された使節

李氏朝鮮は、日本との貿易のために富山浦《ふさんぽ》（釜山《ふさん》）、乃而浦（ネイポ薺浦《せいほ》）、塩浦（ヨムポ蔚山《うるさん》）の三か所の港（三浦《さんぽ》）をひらいた。そこには、使節の接待のための倭館《わかん》がおかれた。

室町時代の韓国との貿易

輸入品	木綿、織物類、大蔵経
輸出品	銅、硫黄、扇、刀剣、蘇木、香料

幕府や諸大名がしきりに貿易船を送ったため、三浦に入る人数は、年間五〇〇〇人を超えた。幕府の使者は、役人によって都（漢城）まで案内され、国王との謁見がなされた。三浦にのこっている船員たちには、食糧や薪炭が支給されたが、かれらに与えた米が年間一〇万石に達したという記録もある。

倭人の上京路

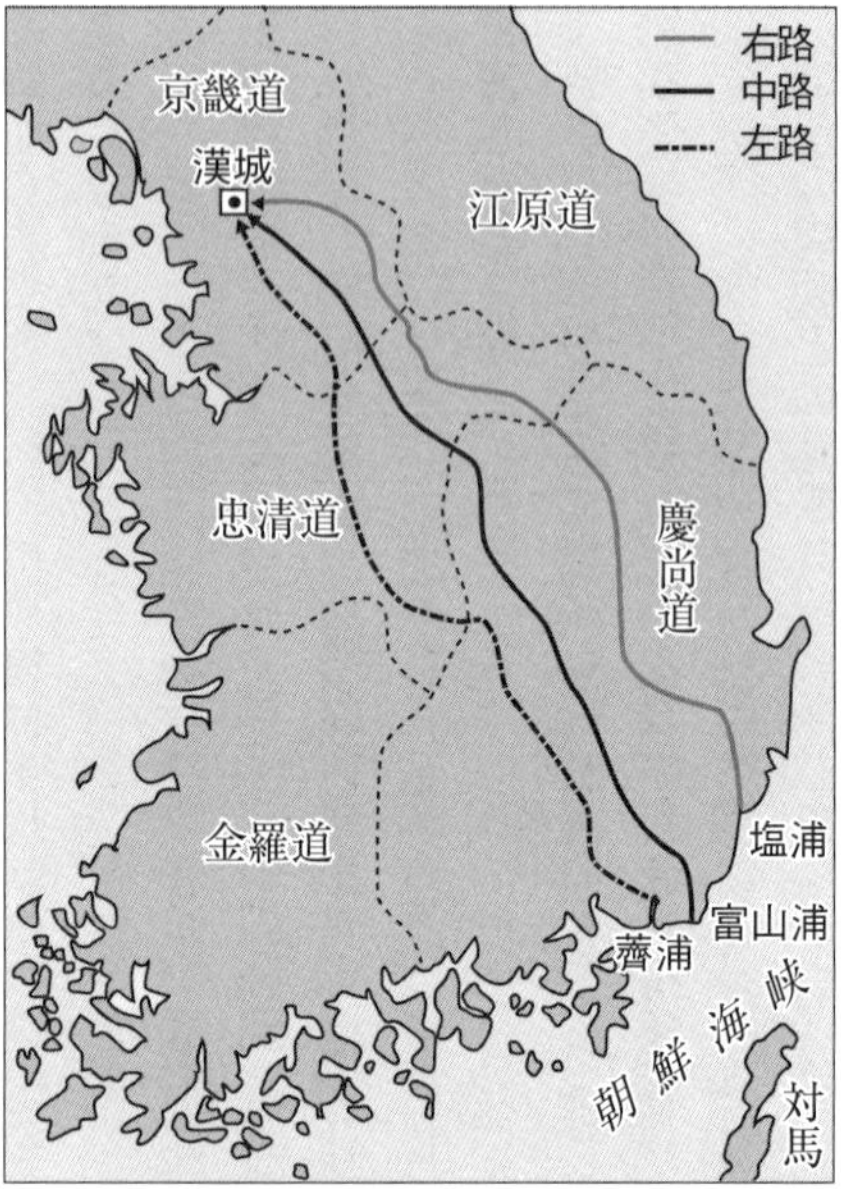

【出典】李進熙『倭館倭城を歩く』六興出版、1984年

三浦には、日本人街がつくられた。富山浦の日本人街には、約三〇〇〇名が居住しており、かれらは自分たちのために二か所の寺院を建てていた。

■三浦の乱

一五世紀なかば以降、日本と李氏朝鮮との貿易量が爆発的にふえた。

とくに、この時期に対馬の大名

宗《そう》氏が北九州に飛び地としてもっていた領地を失ったことにより、韓国との貿易への傾斜をつよめていた。

このことによって日本の貿易船の接待にかける国費がしだいに、李氏朝鮮の宮廷の財政の負担になっていった。

そのため、李氏朝鮮は一五世紀末に入ると貿易の制限を行なうようになった。そして、それに不満をもつ三浦に居住する日本人が、永正七年（一五一〇）に宗氏の後押しをうけて反乱を起こした。

これが三浦《さんぽ》の乱（韓国では庚午三浦倭乱《こうごさんぽわらん》とよぶ）で、反乱軍は一時は薺浦、富山浦を征圧する勢いをみせた。しかし、数にまさる朝鮮軍の手でかれらは鎮圧され、李氏朝鮮はこの事件を機に日本との通交を断った。

宗氏はこのあと韓国との関係改善につとめ、永正九年（一五一二）に貿易再開の了解をとりつけることができた。しかし、そのときの壬申《じんしん》約条の取り決めによって、日本人の三浦への居住は禁じられ、倭館は薺浦一か所に限られ貿易船の数と李朝が下賜する食料の量とは半減された。

このときの貿易縮小にたいする宗氏の不満が、豊臣秀吉の朝鮮出兵につながった。そし

倭寇の侵略地

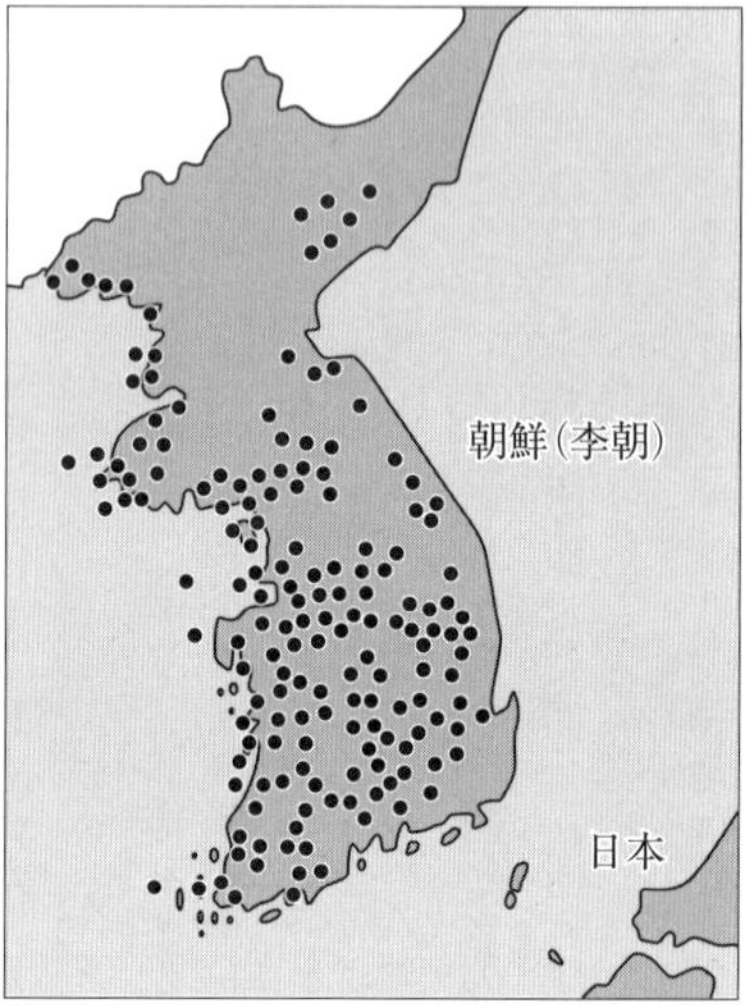

て、貿易が制限されたことにより、ふたたび倭寇の活動がさかんになった。

李氏朝鮮は、日本人の海賊と北方の異民族に対抗するための役所、備辺司《びへんし》をおいた。

しかし、備辺司のもつ兵力は不十分で、一五五五年には全羅道の南海岸から侵入した倭寇が長興《ちゃんふん》府使という地方官を戦死させる事件、乙卯《じつほう》倭変《わへん》が起こっている。これにより、李氏朝鮮の日本人にたいする反感が急速に高まった。室町幕府が築いた日韓の親密な関係は、短期間で崩れてしまったのである。

27　党争と朝鮮出兵

■東人と西人

李氏朝鮮では、前にあげた世宗のあと、世祖《せいそ》、成宗《せいそう》の名君が親政を行ない国力を充実させていった。成宗は科挙合格者を多く登用したが、一四九四年に燕山君《えんざんくん》が成宗のあとをつぐと、宮廷に勲旧《くんきゅう》派と士林《しりん》派との争いがはじまった。

勲旧派は、李朝建国に功績のあった人物の子孫や、李朝歴代の国王の即位に功のあった者の子孫から成る。これに対する士林派は、地方の地主層出身の科挙合格者である。

燕山君は、学問や政治に関心がなく贅沢を好んだので、あれこれ諫言する士林派をわずらわしく思った。それゆえ、一四九八年に勲旧派のすすめで大がかりな士林派への弾圧を行なった。これが戊午士禍《ぼごしか》である。

このあと、いく度もの政争をへて、一五六七年ごろに士林派が政治を握るようになった。

ところが、それからまもない一五七五年に士林派が東人と西人との二派に分かれ、朋党《ほうとう》を形成して争いはじめた。

これが李氏朝鮮の党争《とうそう》の起こりで、これ以来、官僚たちは李朝滅亡まではてしない派閥争いをくり返すことになる（159頁の表参照）。

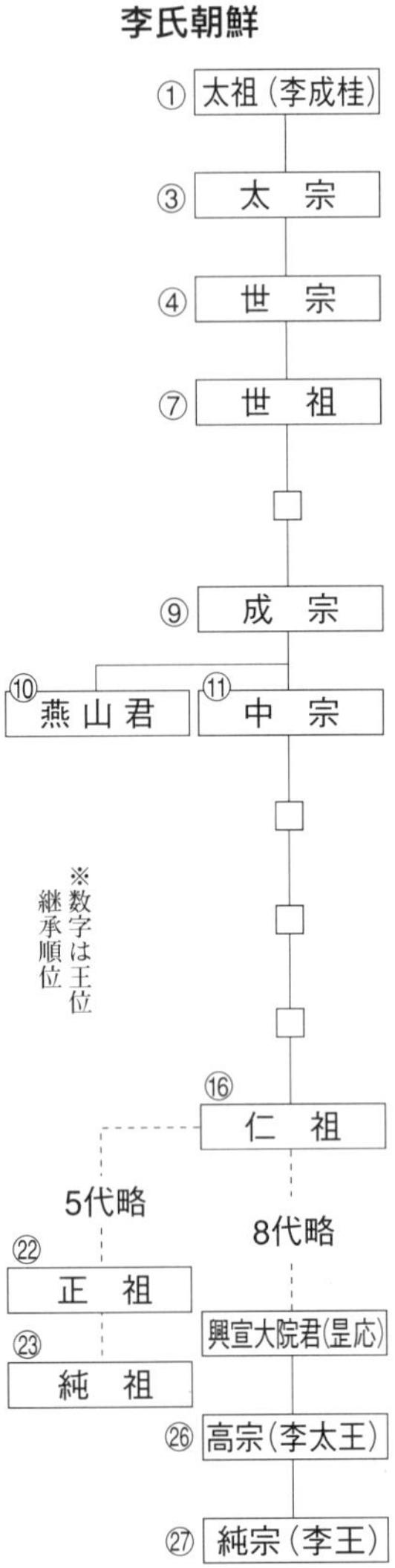

■秀吉の使者

李朝で党争がはじまったころ、日本ではようやく長期にわたった戦国争乱がおわりかけていた。豊臣秀吉はあと一歩で天下統一をはたすところまできたとき、つぎの目標に「唐入り（明国侵入）」を上げた。そして、宗氏に朝鮮国王のもとを訪れ、日本への入朝をうながすように命じた。

このときのかれの国際認識は朝鮮と戦国大名とを同等にみるお粗末なものであった。一五八九年、秀吉の意向をうけて宗義智《よしとも》が送った使者、僧景轍玄蘇《けいてつげんそ》が李氏朝鮮に到着した。

宗義智は秀吉の考えをそのまま伝えるべきではないとして、李朝に室町時代に中断していた交流の再開を提案し、通信使派遣を求めた。これをうけた李朝は、倭寇の活動をしずめてもらおうと考え、正使の黄允吉（ファンユンキル）、副使の金誠一（キムソンイル）を京都に送った。かれらは、天正一五年（一五九〇）に聚楽第で秀吉の引見をうけた。

このとき秀吉は、明国を征服する先陣をつとめよという、きわめて非礼な国書を使者に持たせた。韓国の高官の話をきいても、秀吉の国際認識は改まらなかったのである。

それゆえ、秀吉の近臣で外交に詳しい小西行長《ゆきなが》と宗義智は、李朝の使者に「秀吉は日本が明朝に朝貢する仲介役を朝鮮に求めている」といって事をおさめようとした。

このとき、党争が李朝に災いした。正使の黄允吉が西人、副使の金誠一が東人であったからだ。黄允吉が、正しい情況判断をとり兵禍を防ぐ策が必要だといったのに対し、副使はかれへの対抗心から、日本は恐るるに足らずと報告した。

そして、そのときの宮廷で東人が優位であったため、副使の意見が通った。

■空虚な出兵

豊臣秀吉は、李氏朝鮮が日本に従う意志を明らかにしないので、文禄元年（一五九二）に一五万余りの大軍を朝鮮半島に攻め入らせた。文禄の役（一五九二―九六）である。韓国がわはそれを壬辰倭乱《じんしんわらん》という。

李氏朝鮮が表面だけとりつくろい、秀吉に献上品でも贈っておけば、この出兵はさけられたかもしれない。不意をつかれた李朝がわは、あちこちで敗れ、朝鮮北端まで日本軍の侵入を許してしまった。

しかし、秀吉は異民族の居住地での戦闘の困難さをまったく理解していなかった。戦国大名どうしの戦いは、正面からの合戦か城攻めかで決着がつく。ところが、朝鮮半島では周囲の民衆すべてが敵になる。拠点を確保したものの日本軍は、いく度も予想もつかない方面からの敵襲に苦しめられた。

その敵を追っていくと、地理の不案内な土地で相手の姿を見失う。すると、また新たな敵が思いもしないところから出現する。このくり返しである。

文禄の役

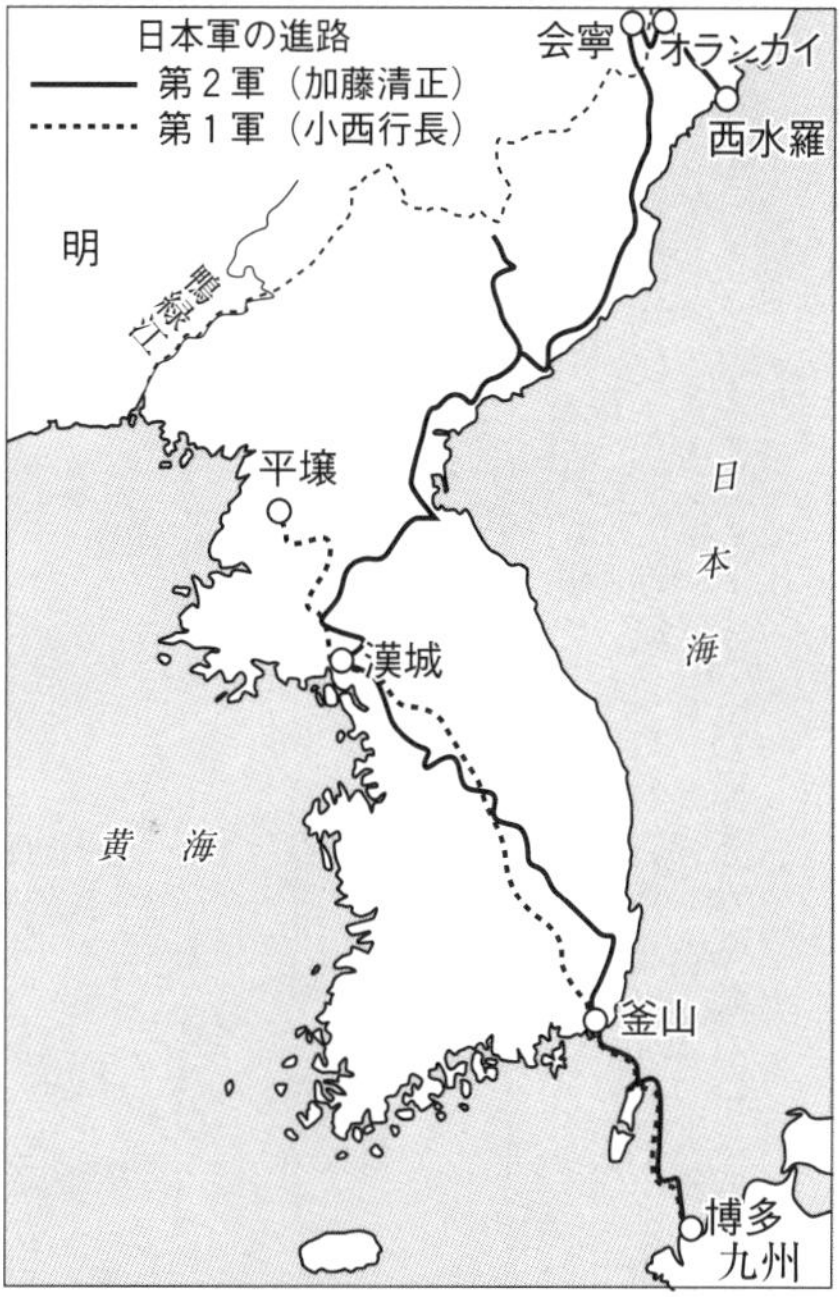

日本人が史上はじめて経験したゲリラ戦であった。日本軍は昼夜ともに気をぬけず、疲れきった。
　まもなく明朝の援軍が李氏朝鮮の応援にかけつけた。さらに、日本の水軍が李朝の李《り》舜臣《しゅんしん》配下の水軍に敗れ、日本軍の補給が困難をきわめるようになった。
　そのため戦いつかれた日本軍は、いったんは明朝との和議の交渉に入り、軍を引いた。
　ところが、秀吉が明の使者が出した条件に怒り、慶長二年（一五九七）にふたたび一四万余の軍勢を李朝にさしむけた。慶長の役（一五九七—九八）、韓国では丁酉《ていゆう》の再乱とよばれる戦いである。

慶長の役

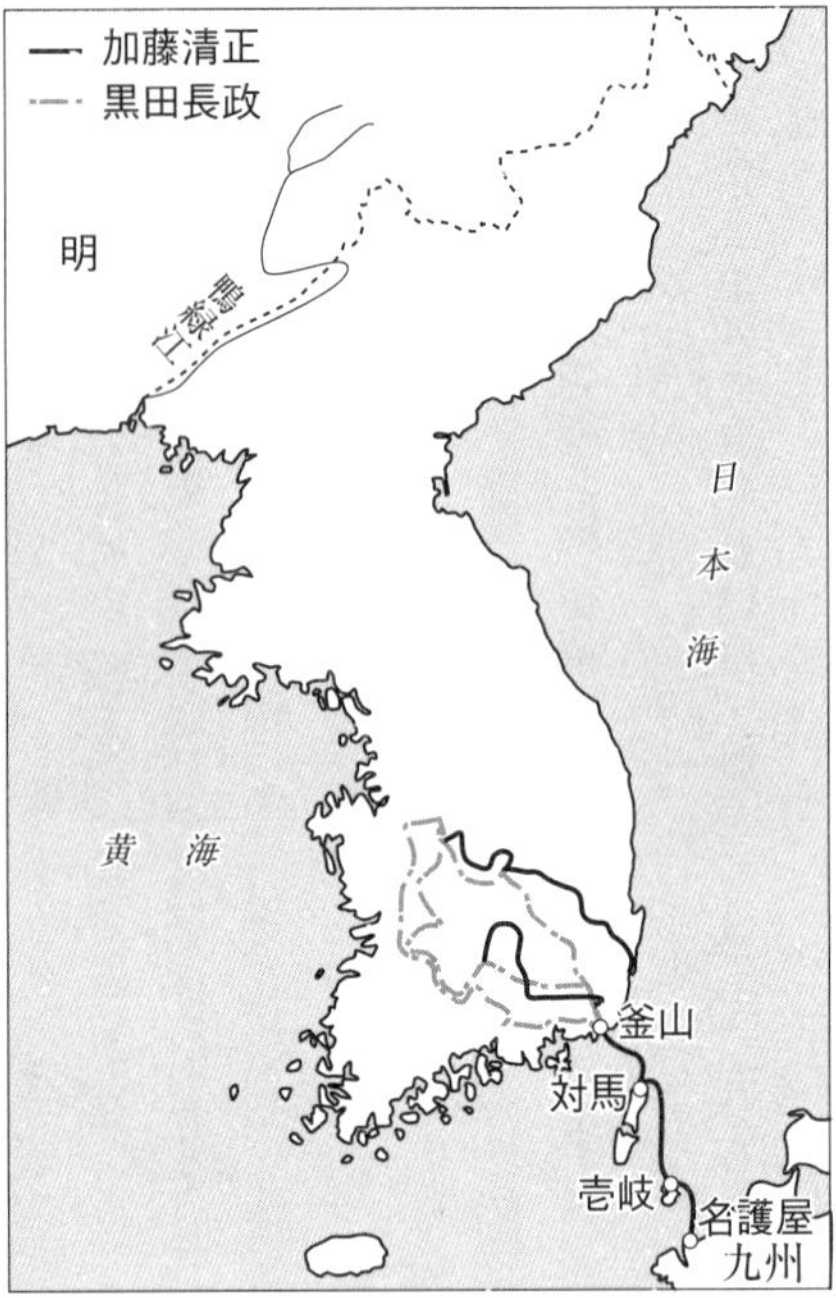

今回は李朝の抵抗がつよく、日本軍は朝鮮半島南部までしかすすめず、戦線は膠着した。

そして、豊臣秀吉の死亡により、日本の諸大名が兵を引いたため、この戦いは正式の和解がなされない形でおわった。

日本がわが一方的にしかけたこの戦争は、日韓両国に大きな傷をのこした。李氏朝鮮の衰退は、この事件をきっかけに加速している。そして、豊臣政権は朝鮮出兵によって崩壊したといえる。朝鮮を征服しそこなった豊臣秀吉の力量に不信感をもった大名たちの心が、豊臣家から離れていったからである。

第5章　江戸から明治へ

朝鮮通信使行列絵巻

28　徳川氏と国交の再開

■徳川家康の見識

文化や産業の面で、安土桃山時代までは李氏朝鮮が日本よりはるかに優位にあった。大名たちは、高価な衣料品や陶磁器、典籍、薬種などが韓国からもたらされたことをよく知っていた。それゆえ、豊臣秀吉の出兵の命令をうけて朝鮮に遠征する武士たちは、海を渡れば土地も財宝も取り放題だと考えていた。

このような中で、徳川家康の近臣、本多正信が主君に「殿は渡海なされますか」と尋ねたことがある。すると、家康は「正信、箱根を誰に守らせるというのだ」といい、自分は国内に残ると断言した。

贅沢を好まず、一生質素にすごし庶民の生活向上をはかる政策を多くとった家康は、力づくで異民族から略奪する「帝国主義的」発想を好まなかったのだろう。関ケ原の戦いのあと政権を握った徳川家康は、のちの鎖国につながる対外消極策を打ち出すとともに、李氏朝鮮との国交回復をはかった。

■宗氏の役割

江戸幕府が国交の再開を求めた当初は、李氏朝鮮は日本に好意的ではなかった。しかし、宗氏の必死の仲介によって、一六〇七年に李朝の正使が日本にきた。

ついで、慶長一四年（一六〇九）には日韓の貿易に関する己酉約条が結ばれた。このとき、釜山に倭館がおかれた。

これ以後、宗氏が対朝鮮貿易を独占することになった。そして、耕地にめぐまれない対馬では、知行のかわりに、貿易の利潤が一定の割合で宗氏の家臣に分け与えられるようになった。

江戸時代初期の対馬をめぐる航路

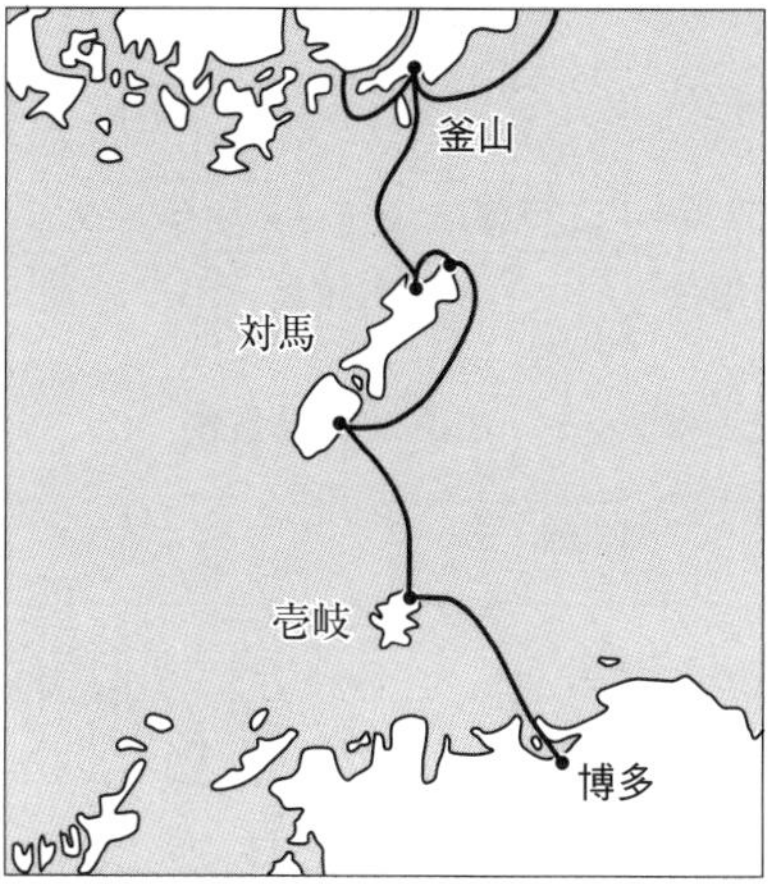

江戸時代に対馬藩が送った使節は、ソウルに

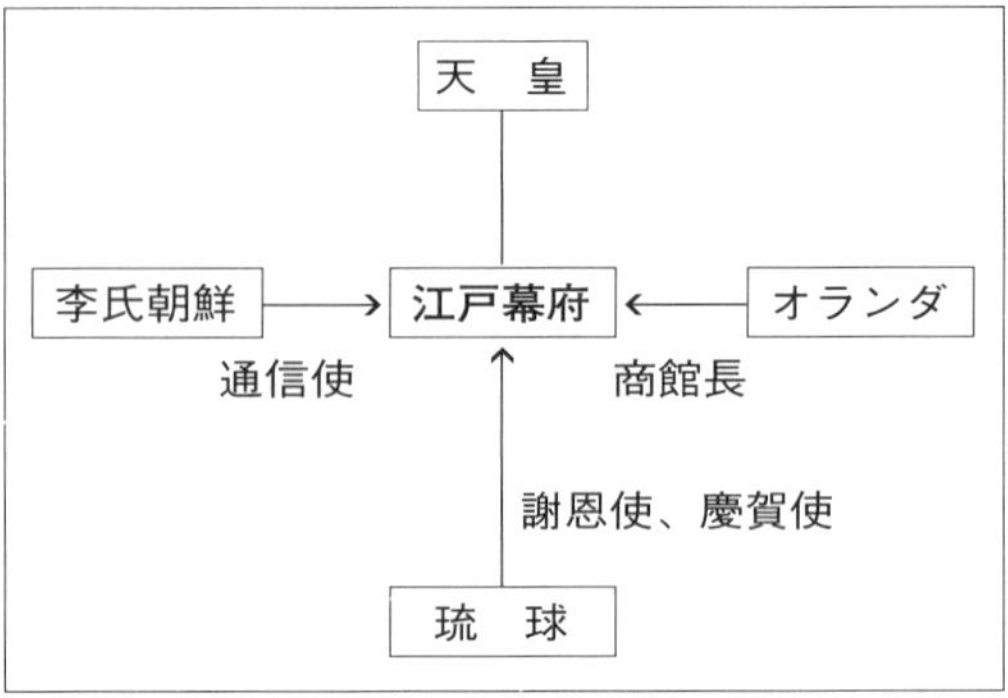

行くことを許されず、釜山にとどまり、そこにおかれた政府の出先機関、東莱府《とうらいふ》と交渉することになった。

後で述べるように、このあといく度も李氏朝鮮の使節が江戸におもむいた。ところが、幕府の正使は朝鮮に送られなかった。

幕府はオランダの商館長《しょうかんちょう》（カピタン）や、琉球王の謝恩《しゃおん》使《し》、慶賀使《けいがし》も江戸にこさせている。そして、国内では将軍を天皇の下位におく考えがとられていた。

このような江戸時代の外交関係の中で、李朝の王家を幕府と同等もしくはそれ以下のものとして、天皇家の下におく考えが、日本で一般化していった。

■幕府支配の安定

朝鮮出兵のとき、日本軍は朱子学者の姜沆《きょうこう》や有田焼の始祖となった陶工、李参平（リサムピョン）をつれ帰っている。トウガラシが日本に広まるのも、朝鮮出兵がきっかけだとされている。

江戸時代初期の朝鮮との貿易では、日本は木綿、生糸、薬種など多くの贅沢品を朝鮮半島から輸入した。この時期の人びとは朝鮮を先進国ととらえていたのであるが、江戸時代なかばまでにこの関係は逆転した。

江戸幕府の支配のもとで産業の育成がはかられたため、国内の米の生産量が急速にのび、生糸や木綿が国産化したのである。幕府や諸藩の用水開発や開墾によって、一七世紀の間に日本の総石高は約一八〇〇万石から約二六〇〇万石に増加している。

清代の東アジア（18世紀）

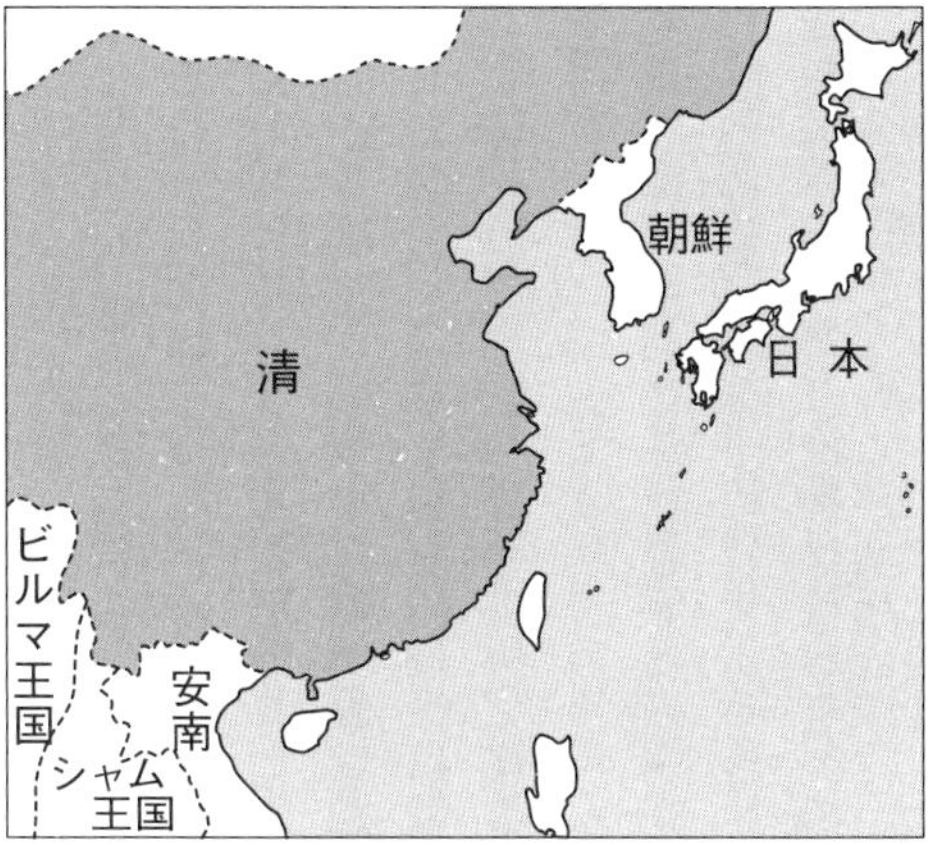

さらに、大坂や江戸で多くの新たな産業が起こり、豪商が出現した。このような日本の転換が、江戸時代末に日韓関係の形をかえていくことになる。

29 朝鮮通信使と文化交流

■二重の外交関係

江戸時代には、きわめてあいまいな形の二重の外交関係の形をとる日韓関係が築かれていた。李氏朝鮮から幕府に回答兼刷還使《かいとうけんさつかんし》、通信使《つうしんし》（一六三六年に前者から後者に名称がかわる）が送られるが、幕府の役人は朝鮮半島におもむかない。

これに対し、李氏朝鮮の役所、東莱府と対馬の宗氏との間には、きわめて頻繁な行き来がなされた。

通信使は、李朝と江戸幕府との国家間の公式の外交儀礼とされていた。ところが、幕府は旨味のある貿易は宗氏にまかせきっていたのである。

これは、薩摩藩と沖縄（琉球）との交易に幕府が一切、干渉しなかったありかたにきわめて近い。幕府が統轄しなければ、大名たちが勝手にオランダや中国（清国）のような大

朝鮮通信史の行路図

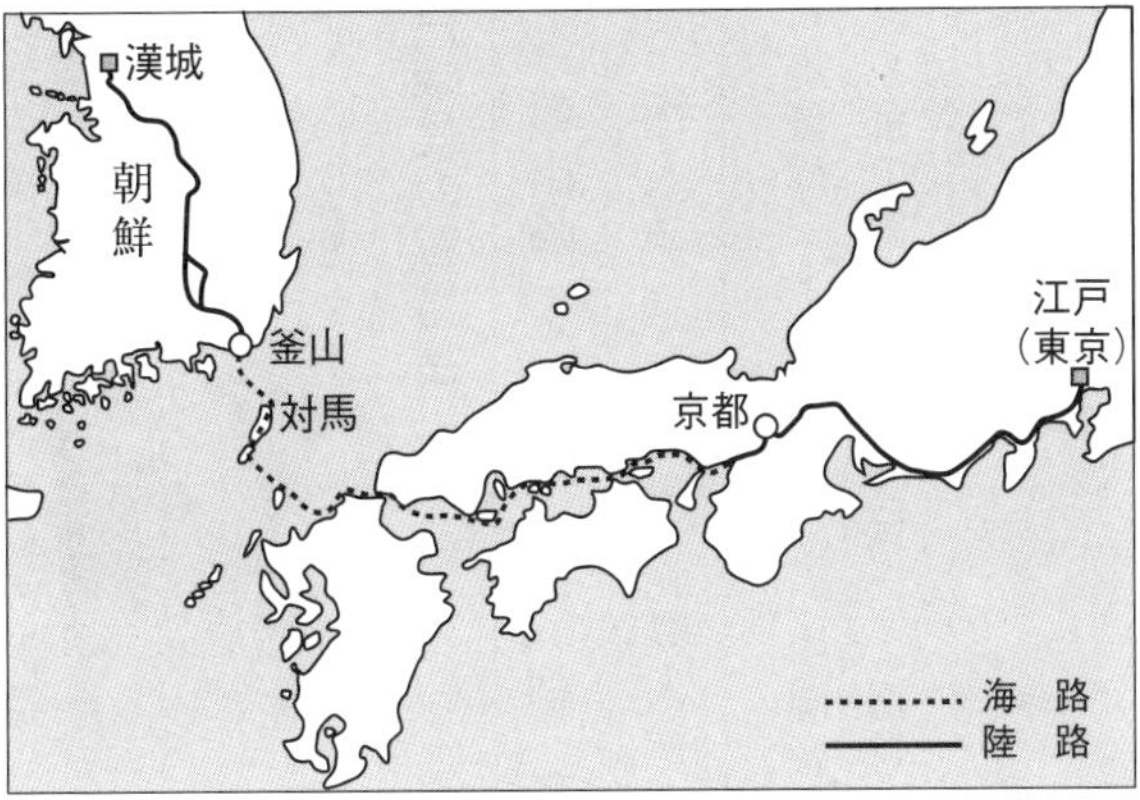

申維翰『海遊録』姜在彦　訳注、平凡社刊参照

国との貿易に手を出すかもしれない。

この発想で長崎貿易がなされた。そして、幕府はたてまえのうえでは、朝鮮や沖縄のような小勢力との取引のような些事に、将軍がかかわるべきではないと主張した。

しかし、実際には当時の日本にとって朝鮮との貿易が欠かせないものであったことは確かである。

■対馬藩と東萊府との交渉

対馬藩と東萊府との間では、きわめてきめ細かい交流と使節のやりとりが行なわれていた。

対馬からは、年例使の名目で、年に八回、貿易を目的とする使者が送られた。この他に臨時送使として、朝鮮国王にたいする慶弔や、徳川家および宗家の慶弔報告、通信使の派遣の要請やその送迎、その他の用件といったさまざまな名目で、使者が出されていた。

李氏朝鮮のがわからも、東莱府の訳官が使節として対馬に送られていた。この使者は、六〇名から一〇〇名におよぶもので、それを迎えた対馬藩は、「訳官御渡海」といって、大がかりなもてなしを行なっていた。

江戸時代の貿易品

輸出品	銀、銅、蘇木、水牛角、ミョウバン
輸入品	朝鮮人参、生糸、絹織物、米、大豆、木綿

対馬藩は、李朝経由で得た中国産の上質の絹織物や生糸を京都の藩邸で売り、輸出用の銀を京都で調達した。貿易による対馬藩の利益は大きかった。この対馬藩と李朝との結びつきは、江戸時代の日本国内の隣接する藩どうしの交流よりはるかに親密なものであった。

■通信使のみた日本

16世紀はじめの朝鮮八道

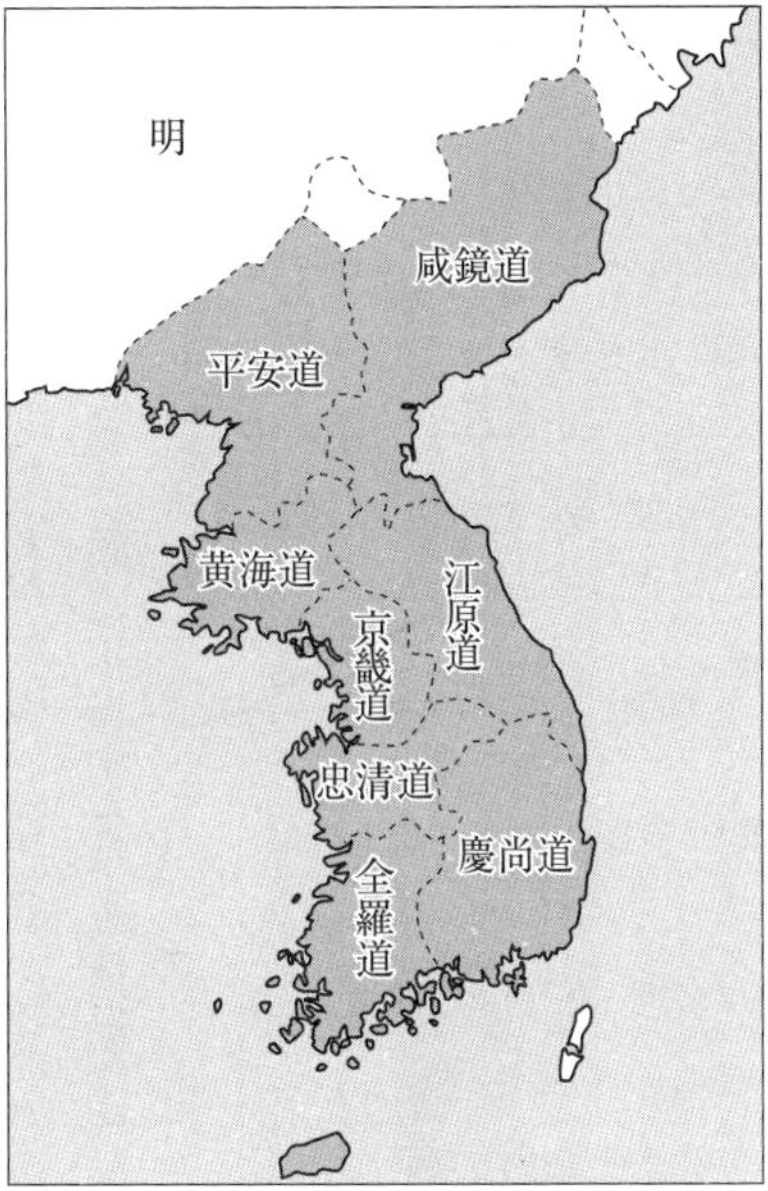

李朝は第一級の儒学者を朝鮮通信使にあてていた。そのため、日本の文人の間に、通信使との詩文のやりとりをしたいとする声がしだいに高まっていった。

これによって、李氏朝鮮が天和二年（一六八二）の通信使のときから、日本の学者との交流を担当する製述官《せいじゅつかん》をおくようになった。この他に、三使（正使、副使、従事官からなる李朝の公式の使者）に仕える書記も、日本の学者との交際を行なった。

幕府の有力な文人と朝鮮通信使との詩文のやりとりをつたえる文献が、多くのこされている。なかでも、朝鮮の使者が幕府の高名な儒者、新井白石との交流のありさまを記した『江関筆談《こうかんひつだん》』が有名である。その中で、通信使の副使、任守幹（インスガン）が、新井白石の話をきいて、日本は武芸だけの国だと思っていたが、じつは、文教が甚だ盛んである。

誠にめでたいと記しているのが注目される。これに対し、後（161頁）で述べるように、白石の李氏朝鮮にたいする評価は低かった。

享保四年（一七一九）の通信使の製述官、申維翰（シンユハン）が記した『海遊録《かいゆうろく》』は、日本の出版事情をつぎのように記している。「日本はわが国の一〇倍を超える書籍を刊行しており、その中の一〇〇を朝鮮からきたものとすれば、一〇〇〇は中国から入ったものである」。江戸幕府支配下の安定のもとで、日本の文化、学問が発展していたありさまがわかる。ところがこの時期に相当する一八世紀には、李朝の支配にかげりがみえていた。

江戸時代の朝鮮使節往来一覧表

西暦	正使	使命	総人員 ( )内は大坂残留
1607	呂祐吉	修好	467
1617	呉允謙	大坂平定、日域統合の賀	428 (78)
1624	鄭岦	家光の襲位	300
1636	任絖	泰平の賀	475
1643	尹順之	家綱の誕生	462
1655	趙珩	家綱の襲位	488 (103)
1682	尹趾完	綱吉の襲位	475 (112)
1711	趙泰億	家宣の襲位	500 (129)
1719	洪致中	吉宗の襲位	475 (109)
1748	洪啓禧	家重の襲位	475 (83)
1764	趙曮	家治の襲位	472 (106)
1811	金履喬	家斉の襲位	336

姜在彦『朝鮮の攘夷と開化』平凡社刊参照

30　江戸の繁栄と韓国

■三都の発達

一八世紀から一九世紀なかば、つまり元禄期とよばれる時代から幕末にいたる間の、日本の経済的繁栄はめざましかった。士農工商の身分制はあるが、実質上は豪商が政治を動かす日本型の資本主義が、江戸時代にすでに形づくられていたといってよい。

詳しい説明は省略するが、江戸時代の御用商人が幕閣や大名に献金してその指導をうける形は、おおむね今日の大企業と政治家、官僚との関係にうけつがれている。ゆえに、現代の日本でアメリカ人に理解しづらい行政指導、談合などの形をとる官庁主導型の経済がまかり通っているのである。

元禄時代以前（一七世紀）に、幕府や諸藩は明らかに農村支配の組織から一個の企業への転換をとげていた。ゆえに、江戸時代なかばをすぎると、武芸だけの武士は軽んじられ、産業の育成、専売制などで藩を富ます経済通の武士が優遇されるようになった。忠臣蔵のモデル大石（内蔵助）良雄は武士道の鑑のようにいわれるが、赤穂藩取りつぶしのときのかれの鮮やかな藩札《はんさつ》の処理の手腕をみれば、大石が優秀な経済官僚でもあったことがわかる。こういった日本の経済発展の前提に、前に（151頁）述べた米の増産による食料不安の解消があった点が重要である。

一八世紀はじめから、日本では都市主導型の経済が形づくられ江戸、大坂、京都の三都が繁栄した。元禄期の江戸の人口は一〇〇万人に達した。これは世界最大の人口をもつ都市になる。そして、江戸時代の三都の文化は、地方都市を介してすみやかに農村に広まった。

■李氏朝鮮の農業と商業

江戸時代なかばから末にかけて（一八世紀はじめから一九世紀なかばまで）の日韓の経済のありかたのちがいが、両国の近代化を異なったものにした。

この時期の韓国の農業や商業の発展を、軽視すべきではない。しかし、当時の李氏朝鮮には国の経済発展を阻止する三つの要素があった。一つ目は中央の政局の混迷、二つ目は首都漢城と地方との格差、三つ目は農村における支配層と被支配層との差別である。

一六世紀末の東人と西人との争いにはじまる党争（142頁参照）は、まもなく救いがたい混迷に入りこんだ。東人が南人《なんじん》と北人《ほくじん》に、さらに北人が大北《たいほく》と小北《しょうほく》に分かれた。一方、西人は老論《ろうろん》と少論《しょうろん》とに分裂した。このように細かく分かれた貴族の集団が、互いにはりあいさまざまな政略をくり広げたのである。

党争と四色党派の形成

（　）内は朋党形成当初の代表的人物

李氏朝鮮では、一七、一八世紀に溜池や井堰《いせき》による灌漑の発展や、田植えの普及がみられた。綿花、煙草、朝鮮人参などの作物が商品としてつくられ、それを加工する手工業者

もあらわれた。

首都、漢城には商人が常設の店舗をおく市廛《してん》がつくられていた。そこは、官庁の支配下にあり、そこの商人は多額の貢納や力役を負担するかわりに、絹、木綿、紙などの専売権を与えられた。

さらに、一七世紀から一八世紀にかけての漢城で私商《ししょう》（自由商人）の活躍がじわじわ拡大した。市廛は自分たちの独占権を守ろうとして、私商の取り締まりを求めたが、私商の増加により一七九一年には官庁は、あるていどの制限つきで私商の活動を公認せざるを得なくなった。

地方では、場市（チャンシ）とよばれる定期市がひろがっていた。一八世紀にその数は一〇〇〇ほどになった。

李氏朝鮮が一六七八年に発行した常平通宝《じょうへいつうほう》も、交易に用いられるようになっていった。

李氏朝鮮の支配のもとで、あるていどの農村への商業の浸透がみられる。しかし、地方の庶民が求めることのできる商品の種類は、漢城のそれにははるかに劣っていた。さらに韓国の国内の商業は、国際的に通用する銀を用いるものではなかったのだ。一九世紀はじめまでの韓国は、物々交換による自給自足的な経済から完全に脱けきれていなかった。韓国の地方では主に、物々交換や現物貨幣としての米や綿布を用いた交易が行なわれていたのである。

これに対して日本では、江戸時代に金貨、銀貨がひろく通用するようになっていた。元禄期（一八世紀はじめ）に入ると、日本と韓国との経済格差は明確になっていた。

地方の農村の人々は、日常的に米、麦その他の作物や副業でつくった織物を貨幣にかえていた。そして江戸や大坂で流行している衣服や装飾品を身につけ、お伊勢参りなどの旅行に出かけることができた。

■松平定信と朝鮮通信使

韓国だけが遅れていたのではない。この時期の清朝の経済にもかげりがみえ、東南アジアの国々はヨーロッパ人の進出に苦しんでいた。徳川家康にはじまる幕府や諸藩の指導層が力を入れた経済政策が大きな効果をもたらし、日本を東アジアで唯一の繁栄する国にしたのである。

こういった背景で、日本の指導層に李氏朝鮮を見くだす者が出てきた。新井白石は、江戸で朝鮮通信使を接待する役目をつとめたのちに、今後は通信使を対馬でもてなすべきだと主張した。かれは、李朝の使者と詩文のやりとりをしたとき、かれらが武事ではかなわないので「文事をもって我国に長たらん事」（『朝鮮聘使後議《ちょうせんへいしこうぎ》』）を争っていると感じたという。

大坂の有力な朱子学者、中井竹山《ちくざん》は松平定信に、神功皇后の三韓遠征以来の属国である李氏朝鮮と対等につきあうべきではないとする意見を述べた。これをうけて、定信は対馬藩に徳川家斉《いえなり》の将軍職継承にあたっての通信使の延期を李朝に申し入れるように命じた。そのとき、今後は対馬で使節を接待する方式に改めるという提案もなされた。

この提案に李氏朝鮮が反発したため、徳川家斉の襲位を祝う使者は、二〇年あまりの間のさまざまないきさつを経たのちに、文化八年（一八一一）にようやく対馬に迎えられた。しかし、このことがしこりになり、このあと幕府が将軍の代替わりの通信使派遣を求めても、李氏朝鮮はそれに応じなくなった。

つまり、江戸時代末に幕府と李氏朝鮮との直接の交流はとだえ、一大名にすぎない対馬の宗氏と一国の王である李朝王家との往来だけがなされていたことになる。これが、のちの不幸な江華島事件（明治政府が韓国に軍事的圧力をかけて、韓国を日本の下位におく形の国交をひらかせたこと）につながることになった（179頁参照）。

31　李朝の混乱

■両班支配の変質

一八世紀に、韓国の農村社会に大きな変動が生じた。李氏朝鮮は、もともと人口の約一〇パーセントていどの地主層を担い手とする政権であった。

地主層は、李氏朝鮮が成立した一四世紀なかばに両班という身分を形成していたのであるが、かれらの勢力は一七世紀以前にじわじわ後退していった。両班が、自分の土地や財産を子どもたちに平等に相続させる方式をとったからである。

なかには、両班の血筋でありながら、土地を失って小作人になる者までいた。そこで一八世紀に入ると両班の家の多くが長子相続をとり入れるようになった。

そのころまでに、庶民で富を蓄積して富農になる者がかなり出ていた。

両班と非両班との区別が、同時期のアメリカの白人と黒人との差別やインドのカースト

時代別階層別人口　百分比

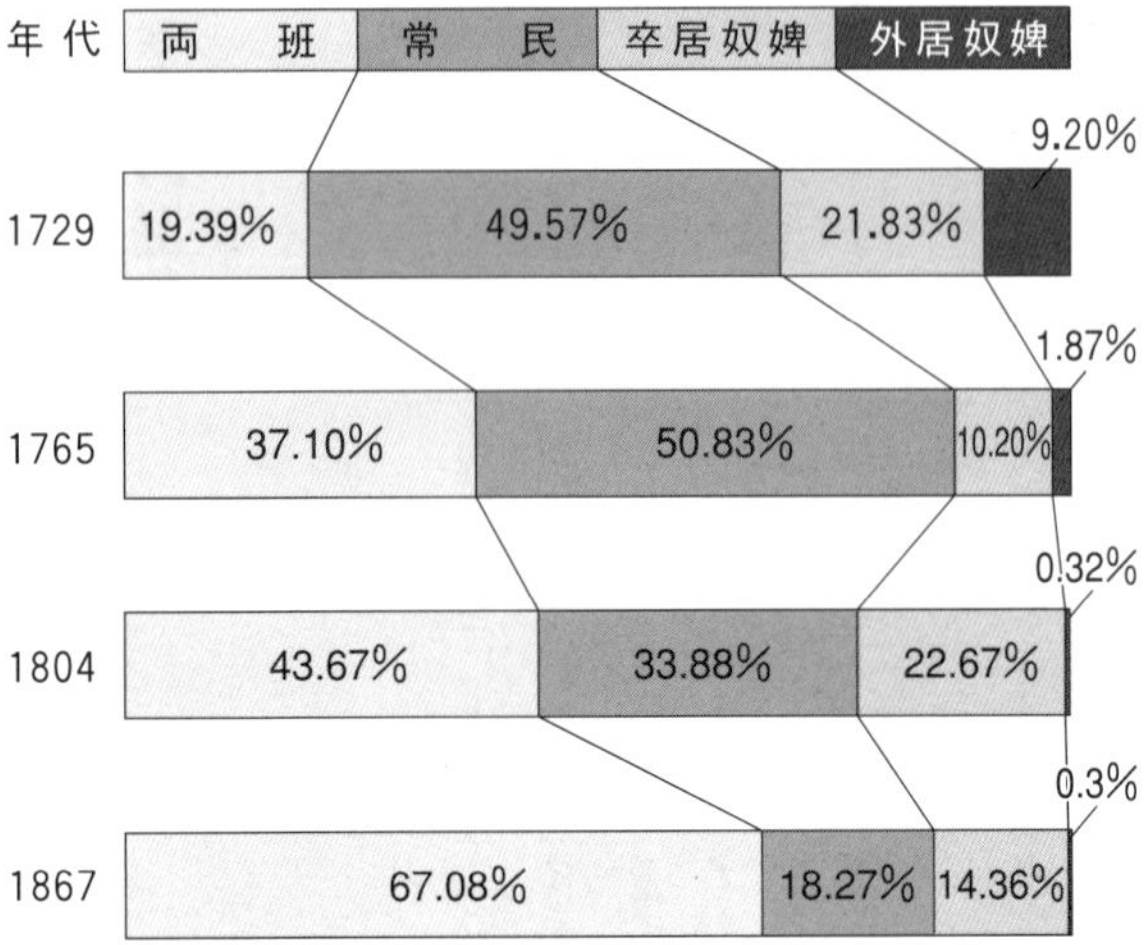

卒居奴婢とは所有主である両班などの宅内におかれた隷属民、外居奴婢は隷属民身分の小作人をあらわす。李朝初期（14世紀末）の両班の人口は全体の10%ていどであった。

制度のように明らかなものではなかったために、富農は、当然の権利のように両班の名簿である郷案《ごうあん》に登録されることを求めた。

そして、たいていのばあい、その願いは役人への礼金によって叶えられた。

この動きで両班の人数が急増した（表参照）。大丘府《たいきゅうふ》で、一七世紀なかばから一九世紀なかばの間に、両班の割合が全戸数の九パーセントから七〇パーセントにふえたとする記録もある。

このため郷戦《ごうせん》という古くからの両班の家と新参者の両班との対立があ

ちこちで起こり、それが韓国の村落に救いがたい混乱をもたらした。

■勢道政治の開始

一八世紀末の時点で、両班身分は「中流農民以上の者」あるいは「中の上ていどの階層以上の者」といった意味しかもたなくなった。

ところがそうなったのちに、農村の両班と非両班との間の差別は、前にも増して厳しいものになった。

非両班の人びとは、郷戦の犠牲者といえる。敵対関係にある古い家柄の両班と新参者の両班とが、非両班には結束して当たったからである。

両班の家、とくにその中の成り上がり者の家は、自分は庶民とちがうことを強調しようと、系譜や祖先のまつりを重んじた。そして、朱子学の教えに沿った生活をとろうとした。ゆえに、両班の子供は幼いときから、村の学習塾で儒教の古典を教えこまれるようになった。

このことにより、両班は小農民や小作人を、学問のない者と見くだすようになり、非両班に対するかれらの苛酷な支配がさらに強化されることになった。

今日の日本人に理解しづらい韓国人の儒教、祖先のまつり、族譜を重視するありかたは、一八世紀なかばにつくられたといえる。現代の韓国にも、儒教的生活をとらないと周囲から賤しい家とみられるとする強迫観念がのこっているのではあるまいか。

李氏朝鮮の政府は、このような社会変動に応じる形で、中流農民を支持層とする政権に転換すべきであったろう。

しかし、宮廷では一九世紀に入ると、勢道《せいどう》政治とよばれる、限られた貴族の独裁政治がとられるようになっていた。

これは、一八〇四年に国王純祖《じゅんそ》の王后の父にあたる金祖淳（キムチョスン）がはじめたものである。この時代に祖淳が属す安東金（アンドンキム）氏は、他の二、三の有力貴族と結んで、国政を思うままに動かした。

このあと、外戚になった貴族がつぎつぎに勢道政治を展開した。この勢道政治は一八六三年に、西欧列強の脅威を感じた大院君の政治改革（175頁参照）がはじまるまで約六〇年間つづき、韓国の官界に救いがたい腐敗をもたらした。

■頻発する民乱

一部の貴族への権力が集中したため、政権から排除された王族や中央貴族の不満はつよまり、かれらの中から政務を嫌い文事にふける者が多く出た。

地方官の不正も目立つようになった。地方官が中央におさめねばならない租税の増額がつづいたために、地方官庁は高利貸機関である民庫《みんこ》をおくようになった。そして、民庫の利息が小農民を苦しめ、流民化する下層農民が多く出た。かれらの中には火賊《かぞく》などとよばれる盗賊団に加わる者もいた。

一八一一年、没落両班である洪景来（ホンギョンネ）が、勢道政治に反対して嘉山（カサン）で地方官を殺し、農民反乱を起こした。これが最初の民乱《みんらん》である。これは、韓国では平安道《へいあんどう》農民戦争ともよばれる。

これ以後、あいついで民乱が起こった。とくに、一八六二年に忠清道《ちゅうせいどう》、全羅道《ぜんらどう》、慶尚道《けいしょうどう》を中心に起こった壬戌《じんじゅう》民乱が大がかりであった。

日本が維新の夜明けを迎えようとしていた時期の韓国は、救いがたい混迷に向かっていたのである。

32　欧米列強の接近

■韓国と天主教

韓国には、一七世紀に中国経由で天主教《てんしゅ》とよばれるキリスト教（カトリック、旧教）がつたわっていた。そして、一八世紀なかばに入ると、李氏朝鮮の知識人の間でキリスト教への関心が高まってきた。

これは、実学者がヨーロッパの科学技術を身につける中で、キリスト教にもひかれたことによるものである。そのため、李承薫（イスンフン）が一七八三年に北京で洗礼をうけたのをはじめとして、キリスト教に入信する学者がつぎつぎに出た。

一八世紀末に王位にあった正祖《せいそ》の近臣には、南人系のクリスチャンが多かった。ところが、一八〇〇年に正祖がなくなると、新たに政権を握った金祖淳（166頁参照）を中心とする金氏が、翌一八〇一年に辛酉教獄《しんゆうきょうごく》とよばれる大がかりなキリスト教弾圧を行なった。この事件で、前にあげた李承薫や、天文学、幾何学に通じた李家煥（イガファン）が獄死した。金氏は勢道政治で国政を乱したうえに、韓国近代化の芽をつんでしまったのである。

しかし、正祖の時代に繁栄したキリスト教は、すでに庶民にも広まっており、この後もキリスト教徒は増加していく。

■江戸幕府と外国船

オランダ人が日本が経済的に繁栄しているありさまをヨーロッパにつたえたことによって、一八世紀末ごろからロシアやイギリスで日本との貿易を望む声が広まりはじめた。鎖国がとられたあと（一六三九年以後）、江戸幕府は日本人がキリスト教やヨーロッパの学問を学ぶことを厳しく禁じていた。

しかし、一八世紀はじめにヨーロッパの有益な実学を利用しようと考えた徳川吉宗《よしむね》が、漢訳洋書の輸入制限をゆるめた。これにより、国内で蘭学が育っていった。吉宗の政策は先見の明に富むものであったが、支配層の多くは朱子学を重んじ、西洋の学問を卑しいものとみる考えにとらわれていた。

吉宗のあと幕府政治を握った老中《ろうじゅう》の田沼意次《おきつぐ》は、蝦夷《えぞ》地でロシアと交易して幕府財政を富ますことをもくろみた。ところが、田沼の失脚によりこの計画は実現せず、このあとの幕府の外交策は保守派に牛耳られた。

そのため、寛政四年（一七九二）にロシアのラクスマンが通商を求めて来訪したが、ロシアとの国交はひらかれなかった。

天保八年（一八三七）にアメリカのモリソン号がきたときは、幕府は鎖国の考えにもとづき砲撃によって外国船を追い帰している。

■韓国への外圧

一九世紀はじめからなかばにかけての時期にイギリスやフランスは、中国（清朝）との貿易で大きな利益をあげていた。この時点では、中国の北方の小国にすぎない韓国に対するかれらの関心はうすい。そのころロシアの勢力も、朝鮮半島まで南下していなかった。

一八三九年に李氏朝鮮で己亥邪獄《きがいじゃごく》というキリスト教弾圧があり、そのとき三人のフランス人神父が殉教した。

フランスは、一八四六年になって、軍艦三隻を韓国に送り、フランス人神父殺害とキリスト教弾圧にたいする抗議の文書を届けた。

西欧勢力のアジア進出

李氏朝鮮は、翌年にそれに対する回答を清朝を通じて送った。これが韓国が西洋に出した、最初の外交文書になる。

しかし、このとき李朝はその事態を軽くみていた。李氏朝鮮はその誕生以来、中国に誠実に朝貢を繰り返してきた。

かれらからみれば、清国が世界の中心に位置することになるのだ。

つまり、韓国は清国支配下の東夷《とうい》の一国であり、フランスは自国と同等の南蛮《なんばん》の一つにすぎないと李氏朝鮮は考えていたのである。

ところが、そのようなかれらの幻想は二十数年のちに見事に打ち砕かれた。

韓国を国際社会に無理やり引きずり出したのは、イギリスでもフランスでもなく、日本であった。

33　明治維新と大院君政権

■ペリーの来航

嘉永六年（一八五三）、アメリカのペリーが軍艦四隻をひきいて浦賀を訪れ、日本の開国を求めた。これが、日本に維新の動乱という大きな転機をもたらした。そして、あとで述べるようにペリーの来訪は、さまざまな形で韓国の歴史に間接的な影響を与えた。

日本は、翌安政元年（一八五四）にペリーの求めに応じて、日本がアメリカ船に燃料や食料を供給することなどの条件の取り決めを結んで開国した。ついで幕府は、イギリス、ロシア、オランダとも、同様の条約を締結した。

さらに、安政五年（一八五八）にアメリカ領事ハリスのはたらきかけにより、幕府はアメリカがわに有利な条件で通商条約を結ばざるを得なくなった。ついで、オランダ、ロシア、イギリス、フランスとの間にも同様の条約が締結された。これが、安政《あんせい》の五か国条約

ペリーの航路

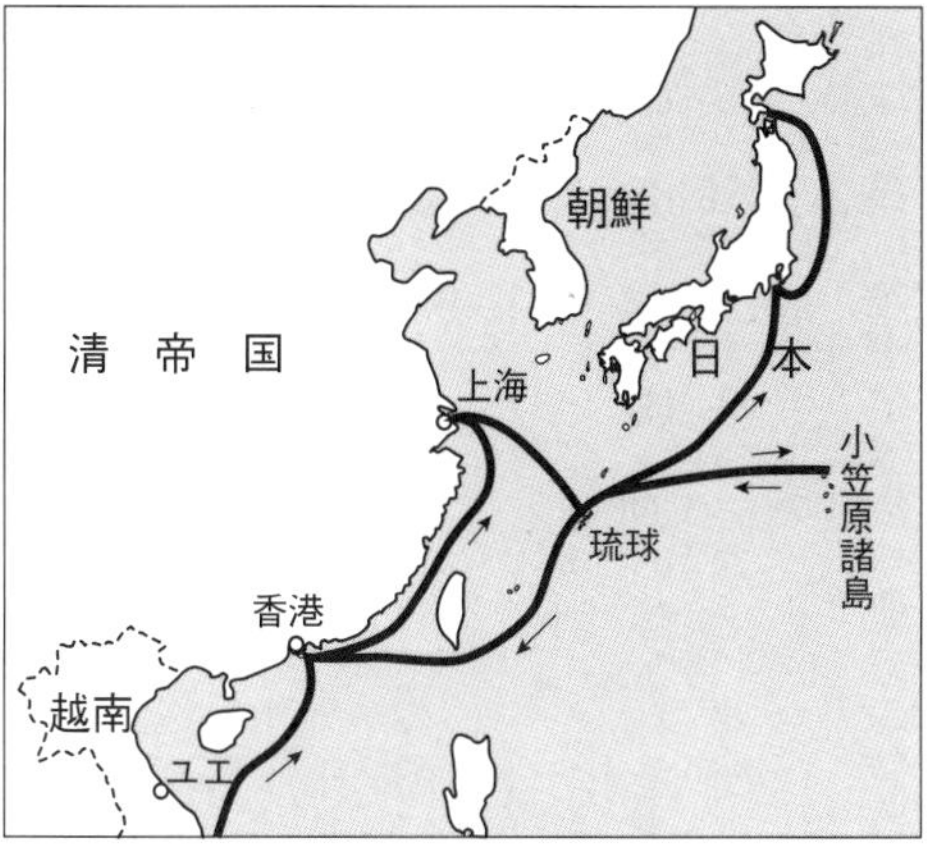

である。

このあと安政の五か国条約にもとづき、イギリスやフランスの商人が横浜、長崎、箱館（いまの函館）で外国人主導型の貿易を行ない、大きな利益を上げた。

このことによる国内の金の流失で急速な物価上昇が起こり、日本経済が大混乱におちいった。

そのため幕府の外交策に対する国内の不満が高まり、それが、しだいに倒幕運動へと集約されていった。そして、慶応三年（一八六七）に大政奉還《たいせいほうかん》がなされて幕府は滅びた。

維新の動乱のくわしい説明は省略したが、大政奉還の翌年にあたる明治元年（一八六八）の明治維新をきっかけに、日本は急速に近代化へのみちを辿ることになった。

■明治維新の意味

かつて、明治維新をヨーロッパの絶対王制の成立もしくは市民革命に対応する日本社会の一大転換としてとらえる説が有力であった。しかし近年には、それをたんに幕府から天皇親政の形をとる薩摩閥・長州閥（藩閥政治家）への政権交代にすぎないとみる立場が有利になっている。

江戸時代のなかばにすでに、江戸や大坂の豪商に代表される上層の商工民と、地方の大地主などの上流農民が日本社会の担い手になっていた。

江戸時代末には、幕府も諸藩も、日本経済を実質的に握る農民や町人のまとめ役にすぎなくなっていたのだ。この関係は、前に述べたように今日の官僚と企業とのつながりに近い要素をもっている。

ゆえに、明治維新は天皇専制をもたらした絶対王制の成立に当たるものでもなく、商工民や豪農が王家や貴族を追い落とした市民革命に対応するものでもない。それゆえ、明治維新の約一〇年後の早い時点で、藩閥支配の行きすぎに反発する形で自由民権運動が起こっている。

これは、都市の中産階級や地方の豪農、中流農民を担い手とするものであった。そして、自由民権運動が起こると藩閥政治家の多くはそれを力づくで押しつぶすのではなく、民権論者との妥協をはかるみちを模索しはじめる。

藩閥政治家と明治時代の中流階級との関係は、フランス革命時の王党と革命派とのような正面から敵対する性格のものではなかったのである。

鎖国のもとの日本人が、新たな文化に対して心をとざした時代錯誤の集団になっていたわけではない。知識人の間に蘭学は広まっており、開国の直前に薩摩藩の島津斉彬《なりあきら》のように洋式の兵備を充実し、工業の育成につとめた大名もいた。

それゆえ、開国によって西洋の学問が公認されると、多くの日本人が英語を身につけ、最新の科学技術を学び、急速に日本を近代化させることになった。

■大院君政権の成立

李氏朝鮮の王家は、一八六三年に勢道政治を断ち切る思いきった政治改革に着手した。幼い高宗《こうそう》を王位につけ、かれの父の興宣君《こうせんくん》に政治を委ねたのである。当時、国王の父親に「大院君《たいいんくん》」の尊称が用いられたため、興宣君の支配は、大院君政権とよばれる。

大院君は、高級官僚の権限を縮小して国王に権力を集中し、地方官の租税の横領を厳しく取り締まった。

大院君の政治改革は、開国後の日本の近代化にうながされて行なわれたものではない。しかし、それが外国の接近の脅威に対し、国力を高めようとする方向をとっていたことはまちがいない。

しかし、大院君のもとでも役人たちは、前代からうけつがれた党争の流れをひく派閥争いをくり返し、団結して大院君の改革を助けようとはしなかった。

大院君政権は、当初は地方政治の刷新により、民衆の負担の軽減をはかろうとした。しかし、まもなく軍備の強化や、景福宮（キョンボククン）などの王宮の造営の経費がかさみ、増税せざるを得なくなった。

この時期の李氏朝鮮の王家には、産業の育成などをつうじて民衆を富ませることが国の発展につながるとする発想はない。新羅以来、長期にうけつがれた貴族政権の中で、支配層は中央の貴族社会の中でしか物事を考えられなくなっていたのである。

それゆえ、民衆の李朝王家への反感はおさまらなかった。そして、それは日本の韓国支配の導入となった東学党の乱（183頁参照）につながっていった。

34　江華島事件と韓国の開国

■韓国への外圧の高まり

大院君政権は、韓国の政治の核をつくった点において評価しうる。それまでのような勢道政治の形の短命な有力貴族の独裁政権間の抗争がくり返されるようであれば、誰も国政に責任をとれなくなる。

王家が一大決心をもって、しっかりした見識をもつ政治家を登用することができれば、その人物の働きで政治改革しうる形がつくられたのである。しかし、大院君政権の時代認識はきわめて遅れていた。

かれらは、自国一国だけは海禁策（自由な対外貿易を禁じる日本の鎖国のような方式）をつらぬけると、楽観していた。

それゆえ、大院君は一八六六年にキリスト教弾圧にふみ切り、九人のフランス人神父と八〇〇〇人余りの韓国人のキリスト教徒を殺害した。これに抗議して、フランス軍が江華府を一時占拠したが、かれらは文殊（ムンス）山城と鼎足（チョンジョク）山城を攻略しようと企てて敗れ、撤退した。

同じ年に通商を求めて来航し、大同江をさかのぼってきたアメリカ船シャーマン号が、平壌付近で韓国軍の焼き打ちにあって沈没した。アメリカ軍が一八七一年にこのことの報復のために江華島に上陸したが、数度の交戦のあと退却した。

■征韓論と大院君の失脚

大院君は、アメリカ軍を退けたあと「洋夷侵犯するに戦いを非とするはすなわち和なり。和を主とするは売国なり」と刻んだ石碑、斥和（チョッカ）碑を全国に建てさせた。「和を排斥する」とは韓国が全世界を相手に戦争をすると宣言したようなものであった。ゆえに、このような強引な大院君の対外政策に対する不満の声が国内に急速に広まっていった。

こういった背景で、日本で征韓論が高まった。明治政府が明治元年（一八六八）に対馬藩を介して国交を求める国書を韓国に送ったのに、大院君が外交交渉に応じなかったからである。

明治政府は、明治六年（一八七三）八月にいったんは西郷隆盛らの征韓論に動かされて韓国への出兵策を採用する。しかし、まもなく岩倉具視《ともみ》らの反対により征韓論は退けられ、西郷らは十月に下野した。

その一か月のちに、韓国では大院君が退けられ、国王高宗の后閔妃《みんぴ》の一族が政権を握った。この日韓の政権交代が、日韓国交の開始へのみちをひらくことになった。

■江華島事件

閔氏政権は、大院君の極端な海禁策を修正し、西欧に学び近代化をはかる開化政策を指向した。そのころ日本政府は、外交交渉だけで韓国を開港させようとしても話は遅々としてすすまないが、うっかり韓国と戦争をはじめると欧米の強国の干渉をうけると考え、悩んでいた。

こういった中で江華島事件が起きた。日本は、韓国に圧力をかけるために、前々から朝鮮半島近海に軍艦を出動させていた。

そういった背景で明治八年（一八七五）八月に、日本軍艦雲揚号《うんようごう》のボートが江華島と本土との間の水道に侵入したため、雲揚号が、草芝鎮（チョンジジン）砲台から砲撃をうける事件が起きたのだ。

これに対し、日本軍は永宗島（ヨンジョンド）を占領した。そして、日本は江華島の事件の責任を問うという口実で使者を送り、翌明治九年二月に日鮮修好条規《にっせんしゅうこうじょうき》を結んだ。これは、日本に有利な不平等条約であった。

このあと、閔氏政権は日本と、南下をはじめたロシアとに対抗するため、清朝との結びつきを強化した。

それによって韓国は清国式のものへの政府の機構改革と、清朝から送られた軍事顧問（馬建常《ばけんじょう》とドイツ人メーレンドルフ）の指導のもとに軍隊の洋風化をすすめていく。

しかし、それからまもなく始まった日本軍の韓国侵入（日清戦争）により、李氏朝鮮のもつ軍隊が対外戦争にまったく通用しないものであったことが明らかにされてしまった。

江華島とその周辺

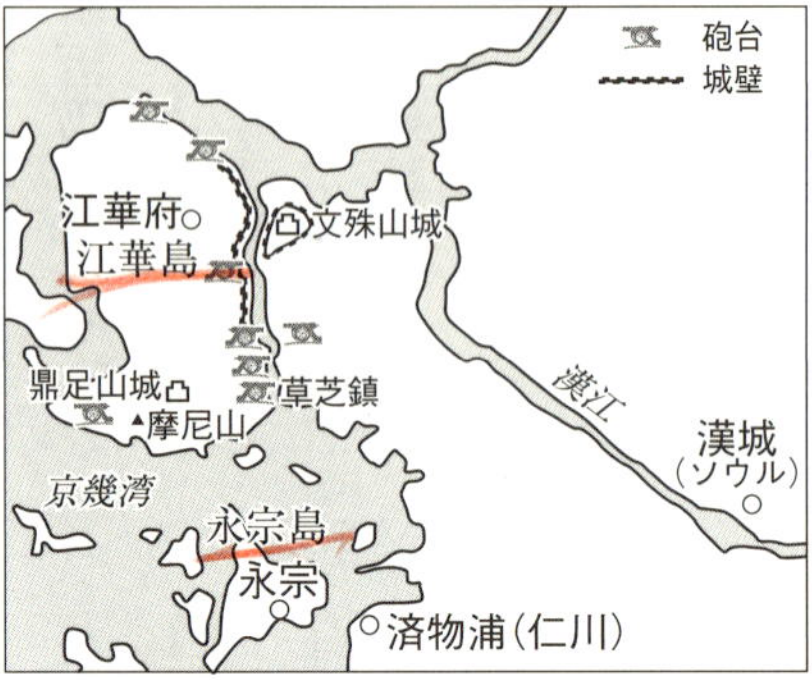

35　日清戦争と清国の後退

■日韓貿易の拡大

韓国は新羅の統一以来、中国の歴代の王朝と朝貢関係をもちつづけた。ゆえに、韓国はもともとは清国の勢力圏であったことになる。ところが、江華島事件をきっかけに日本資本の韓国進出がさかんになり、日本と清国とが韓国の利権をめぐって対立するようになった。

日朝修好条規が結ばれたあと、韓国では親日派が台頭した。かれらは、日本にならって韓国も急速な近代化をはかるべきだと唱えた。そのため閔氏政権もしだいに日本寄りの姿勢をとりはじめた。

これに対し、明治一五年（一八八二）に外国嫌いの大院君一派が反乱を起こした。壬午《じんご》事変である。閔一族が清国の軍隊の力をかりてこれを鎮圧したため、これ以後、閔氏政権は清国への依存を前にも増してつよめた。

さらに、明治一七年（一八八四）の親日派、金玉均《きんぎょくきん》らの反乱が敗れた（甲申事変《こうしん》）ため、韓国での日本の立場は後退し、日清関係はこじれた。

しかし、こういった中でも日韓の貿易は順調にのびていった。日本の貿易商は、韓国から大量の米や大豆を買いつけた。しかし、清国の商人の圧力により、かれらは日本の繊維製品を十分に韓国に売りこむことができなかった。

明治二〇年代（一八八七―九六）に、日本の綿工業はめざましく発展している。そこで、明治政府は韓国を日本の輸出市場として経済的に支配していこうともくろみるようになっていった。

■閔氏政権と東学党

閔氏政権は軍備をドイツ式からアメリカ式にかえ、アメリカ人を教官とする士官学校をひらいた。さらに、アメリカ人教師を招いて洋式学校、育英公院《いくえいこういん》を設置し、汽船を用いた税米の輸送や電信線設置をはじめた。

しかし、この開化政策は財政に大きな負担をかけた。しかも、増税がなされる中で、官職売買、賄賂、地方官の苛政があいついだ。そのため、一八八八年以後、民乱がしきりに起きた。

こういった背景から、庶民の間に不安感が広まり、それが排外的な宗教結社、東学《とうがく》と結びついていった。東学は、一八六〇年に崔済愚《さいさいぐ》がひらいた、儒教を根幹としてそれに仏教、道教、民間信仰をあわせた新興宗教である。

東学の信者は、全羅道と忠清道に多かった。そして、一八八〇年代末からその地方一帯が旱魃に襲われたため貧窮化する多くの農民が東学に救いを求めた。かれらは外国人や外国の思想を排し、すべての人間が東学の教えに沿った正しい生活（儒教的人間愛をもつ生きかた）を

東学党の乱

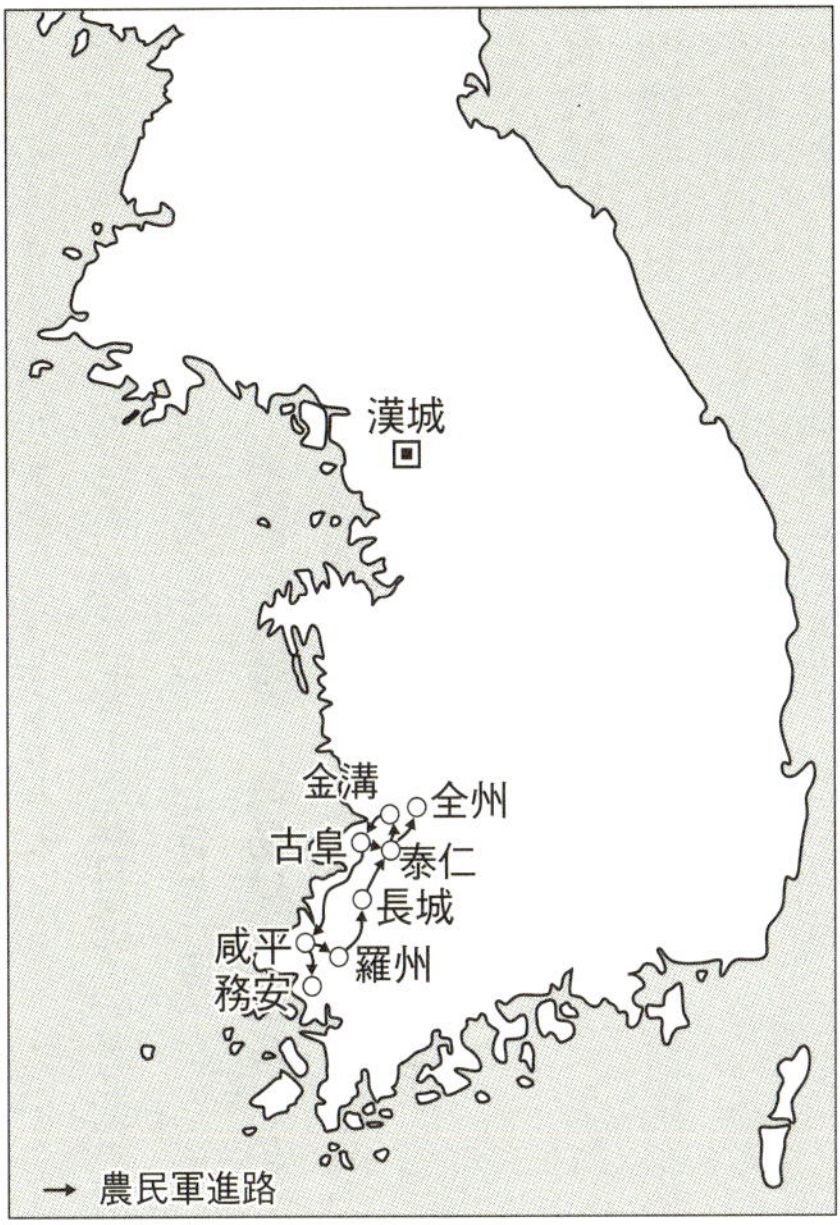

とれば誰もが平等な理想郷（天人合一の世界）が訪れると考えた。東学の思想自体は、きわめて人間的・合理的なものであった。東学の考えでは、権力をかさに農民を苦しめる役人は儒教的人間愛に反する生きかたをとるものになる。この背景で一八九四年に全羅道古阜（コブ）郡の郡守の悪政に反発する農民が反乱を起こした。

すると、各地の東学の信者がこぞってこれに呼応し、役所を襲い悪徳官吏を討ち、穀物を貧民に分配した。甲午《こうご》農民戦争とか東学党の乱とよばれる事件である。

■敗れた清国軍

韓国政府は自力で農民反乱を押さえきれず、清国に援兵を求めた。すると、かねてから韓国支配をめぐって清国と決着をつけようともくろんでいた日本が、朝鮮半島に大軍を送りこんできた。日清戦争である。

日本は、甲申事変のときに、日清間でかわされた和約、天津《てんしん》条約の「今後、両国が韓国に出兵するときは互いに通知する」という取り決めを口実に出兵したのである。農民軍は清国と日本の大軍の出動を知り、外国と戦うことを恐れて、すみやかに政府と和解した。

ところが、このあと日本は韓国に内政改革案をつきつけ、これをのまない限り兵を引け

日清戦争の日本軍

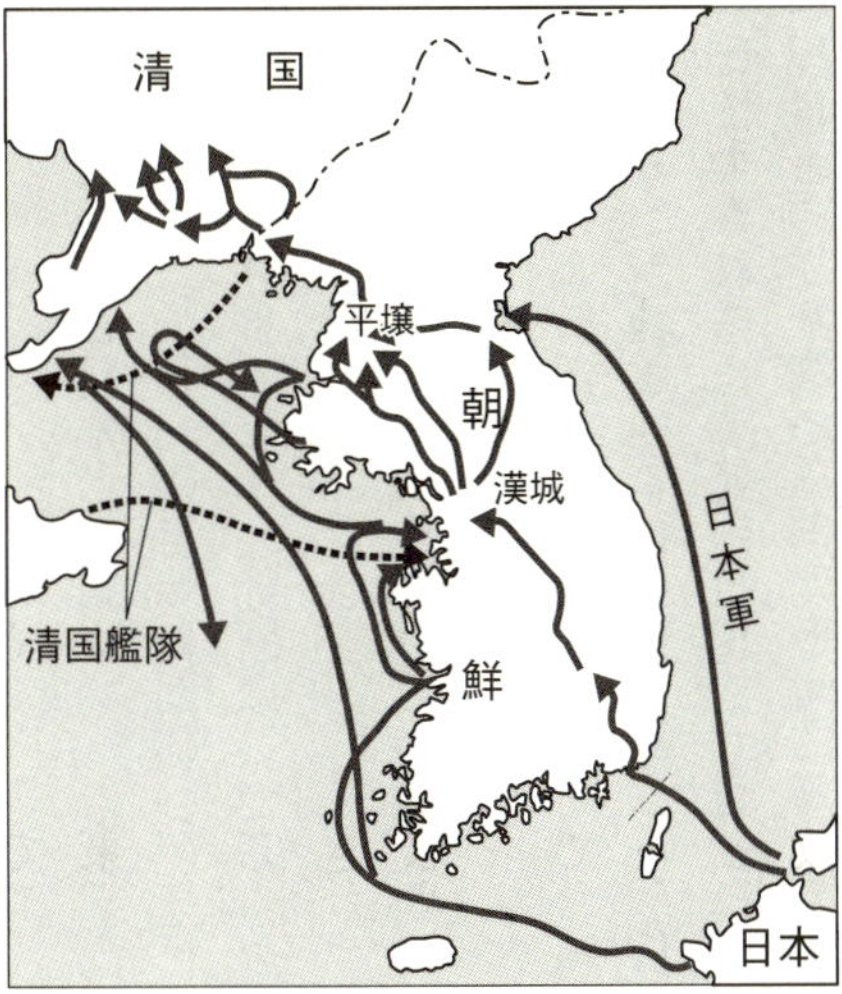

ぬと脅した。そして、それがうけ入れられないと知ると、朝鮮王宮に軍隊を送って韓国政府の改造を断行した。

清国がこれに抗議すると、日本軍は清国軍に奇襲攻撃をしかけた。海軍は七月二五日に豊島《ほうとう》沖で清国艦隊を、陸軍は七月二九日に牙山《がざん》の清国軍を破った。緒戦を飾ったあと、日本政府は八月一日に清国に宣戦した。

日本軍が、よその国である韓国で、強引に勝手な戦争を始めたありさまがわかる。

このあと、近代装備をもつ日本軍は旧式な清国軍に連勝した。日本は清国軍を朝鮮半島から追い出したのち、中国に侵入し、翌明治二八年（一八九五）四月に、清国に台湾の割譲などの条件を含む下関条約をのませて講和する。

しかし、この戦争で清国を退けたのちに日本は、ロシアと対決せざるを得なくなる。

36　日露戦争と日韓併合

■韓国の民族派と日本との対立

ここから、二〇世紀の日韓の関係の記述に入ることになる。その時代は、日本の韓国支配から韓民族の独立と南北分断にいたるもので、韓国の歴史のもっとも重要な部分とすべきものである。

それについて満足のいくていねいな説明には分厚い本が一冊必要なぐらいであるが、本書ではこの部分は、要点だけをかいつまんで簡略に記すことにする。

日清戦争による清国の朝鮮半島からの後退によって、はじめて韓国人は自分たちのためにしっかりした独立国をつくらねばならないとする本当の意味での民族意識にめざめた。それまでのかれらは、韓国の民族文化について誇りをもってはいても、心の底に朝鮮半島は中国皇帝の支配圏の一部だとする考えをうけついできた。

ゆえに、民族意識が高まる朝鮮半島に進出した日本は、韓国の人びとの激しい抵抗をうけることになった。

東学党の乱の直後に、日本は武力を背景に、韓国に自分たちに都合のよい金弘集（キムホンジプ）、魚允中（オユンジュン）らの漸進的開化派の政権を立てた。

第二次農民戦争

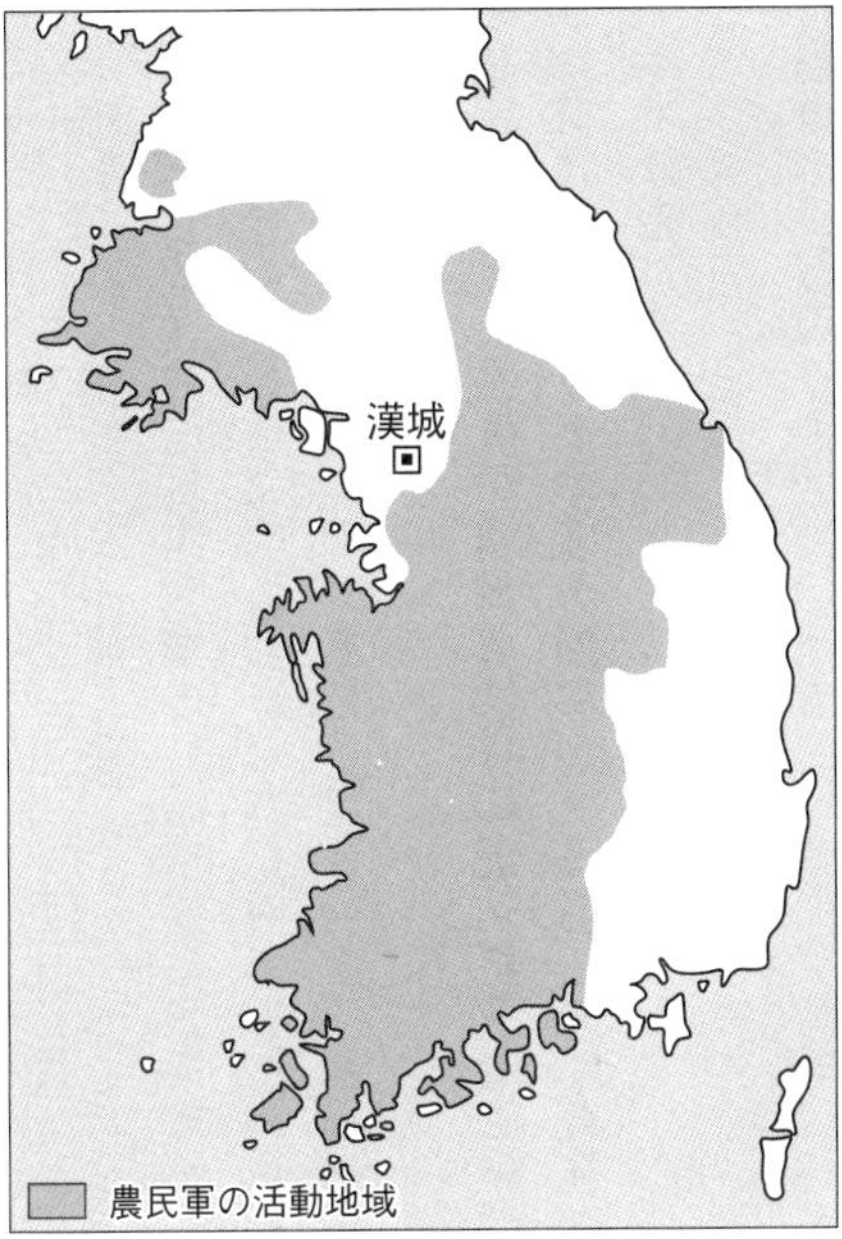

そのあと、朝鮮半島でわがもの顔にふるまう日本軍に対する大がかりな農民の反乱が起こっている。第二次農民戦争である。今回の農民軍の活動地域は、東学党の乱のそれよりはるかに広い。

日本軍は漸進的開化派政権と協力してこれを平定したが、この反乱が韓国の宮廷の反日派の勢力を元気づけた。

かれらは、金弘集らが行なった科挙の廃止、銀本位制の施行などの近代化政策が韓国の良き伝統をこわしていると非難した。

一八九五年一〇月、日本公使の三浦梧楼《ごろう》は日本軍をつれて王宮を襲い、保守派の中心人物であった王妃閔妃を殺害した。これに対して国内に反日の声が広がった。そして、一八九六年二月に反日派がロシア水兵をひきいれ、漸進的開化派の金弘集、魚允中を殺す事件が起きた。

そしてこの混乱のなかで国王の高宗がロシア大使館に避難したため、このあと韓国とロシアとが急接近することになった。

日本の後退は決定的になったのである。

■日露戦争の起こり

この時期に、韓国の政府が、白人の国であり政情も異なるロシアの属国となる方向を希望していたとは思えない。

しかし、明治政府は国内で、ロシアがやがて韓国を併呑して日本にも迫ってくるだろうと宣伝し、反露の気運を高めていった。

日露戦争の日本軍

韓国では徐載弼（ソジェピル）らが独立協会を組織し、清国との宗属関係を完全に清算し、諸外国の韓国での利権獲得競争に抵抗しようと主張し、多くの国民の支持をうけた。こういった中で、李朝は一八九七年に国号を朝鮮国から大韓帝国に改めた。

　朝鮮国とは中国に遠慮した国号で、中国皇帝の指導下にある朝鮮王が治める国をあらわす。それに対する大韓帝国は、皇帝が治める国で、大日本帝国や清帝国と同列のものになる。

　大韓帝国の政治は李容翊（イヨンイク）らの親露派に握られていた。かれらは、ロシアの威光によって清国と日本の韓国に対する影響力をなくす代償として、多少ロシアに経済的便宜を与えてもかまわないと考えた。

　こういった中で明治三七年（一九〇四）二月、日露戦争がはじまった。日本はすみやかに朝鮮半島を制圧し、ロシア軍が押さえていた中国東北地方に攻め込んだ。今回も日本は、宣戦布告の前にロシア軍艦を撃沈するだまし打ちをとった。

このあと、日本は韓国に日韓議定書の締結を求めた。これは韓国に日本の戦争に協力させるものであった。ついで、第一次日韓協約が結ばれ、日本が韓国に外交・財政を監督する顧問を送りこむことになった。

これにより、韓国は独自の外交策をとれなくなり、日本に都合の良い財政改革を押しつけられて日本経済に従属させられることになった。この一連の動きは、韓国人が望んだものでなく、日本が韓国を軍事的に占領したうえで強要したものであった。

■日韓併合

日本は日露戦争の戦局が有利になった明治三八年（一九〇五）に入ると、欧米諸国に日本の韓国支配の承認を求める外交策をとりはじめた。

これにより、アメリカ、イギリスの支持をとりつけたうえで、日本は日露戦争の講和条約であるポーツマス条約の中に、日本の韓国に対する指導・監督権を盛り込ませた。これによって、韓民族の独立が奪われる方向が確立したといえる。

日露戦争後の、明治三八年一一月に伊藤博文が特命全権として韓国におもむき、韓国をもって日本がおく韓国統監府《とうかんふ》の支配を受ける日本の保護国とする乙巳《いつし》保護条約（第二次日韓協約）を押しつけた。

これに対して、韓国国内では条約締結の無効を訴える声が広まった。反日義兵闘争が起き、条約に抗議して自殺する高官も出た。しかし、このあと統監府の活動により、韓国政府は名目だけのものになった。

そのため韓国の民族意識はさらに高まり、「国権回復」をかかげたさまざまな運動が広まった。

しかし、日本は韓国政府から警察権を取り上げるなどして、そういった声を押しつぶし、明治四三年（一九一〇）八月に「韓国併合に関する条約」を結び、正式に韓国を日本に合わせた。

これ以後太平洋戦争終結までの約三五年間にわたり、韓国の民衆は日本支配のもとで苦しむことになる。

37 日本の統治と南北分断

■武断統治と韓国民衆

日本は、日韓併合のあと朝鮮総督府《そうとくふ》をおいて、韓国統監兼陸軍大臣であった寺内正毅《まさたけ》を初代総督に任命した。寺内正毅は長州出身で、長州閥の有力者、山県有朋や桂太郎ときわめて近い関係にあった。寺内は、このあと軍事力を背景に韓国に武断統治をくり広げることになった。

日本の知識人の中には、独自の文化的伝統をもつ韓国を植民地化すべきでないと考える者もかなりいた。一九世紀末以降の韓国の民族運動の高まりを知る者は、日本は韓国支配に余分な労力をはらわねばならないと予想した。

韓国の独立を支援しつつ、日本の産業を高め、正当な韓国との商取引をつうじて日本を豊かにすべきであると考える財界人もいた。これは、当時アメリカが唱えた門戸開放《もんこかいほう》の主張に従ったものである。

日韓併合を強引に押しすすめたのは、山県有朋、伊藤博文らの藩閥政治家である。伊藤博文は苛酷な韓国支配を行なったことにより、韓国の民族主義者、安重根《あんじゅうこん》に暗殺されている。

植民地期の朝鮮十三道（1930年当時）

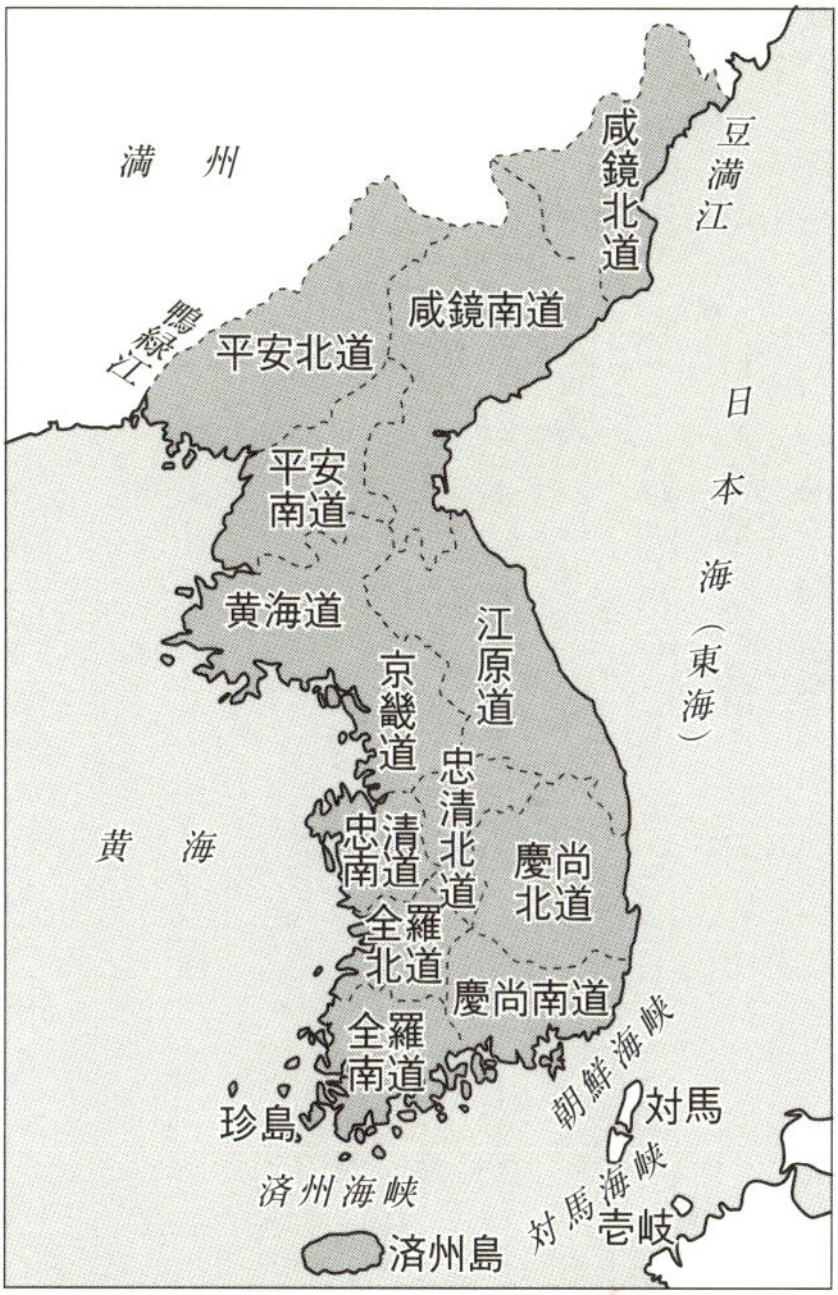

歴史の長い流れからみれば、韓国の植民地化が日本に与えた損害は、日本が得た利益より多い。なぜ藩閥政治家が、そこまで韓国支配にこだわったのか。それは、かれらが世界の帝国主義の流れに乗り遅れまいとあせっていたことからくるものであろう。

藩閥政治家は、かれらが東京につくった社交場、鹿鳴館《ろくめいかん》のパーティーの席で、外国の外交官や有力な商人からいく度となくつぎのような自慢話を聞かされたろう。

「わがイギリスは、インド、カナダ等を支配する世界一の帝国で、いまはアフリカに植民地を広げつつあります」

日本にアフリカ分割に加わるだけの海軍力はない。それならば、手近な弱者、韓国を日本のもちものにしようと、当時の日本の有力な政治家たちは考えたのだ。

寺内正毅は、韓国全土に一万数千名の憲兵警察を配置した。そして、まもなく民族運動の指導者を大量に検挙した。

会社令が出されて、韓国人の自由な経済活動は制限され、土地調査事業で国有地とされた土地の一部が、日系の企業や個人に払い下げられた。このあと、韓国は日本本土のための安い原料や労働力の供給地となっていった。

■三・一独立運動と民族運動の高まり

第一次世界大戦のあと、ヨーロッパでは民族自決の考えにより、いくつかの小国が強国の支配を離れて独立した。この動きをみて、韓国の独立運動が高まりをみせた。

アメリカに渡った安昌浩（アンチャンホ）や李承晩《りしょうばん》は、民族自決の提唱者であるアメリカのウイルソン大統領に韓国の独立の助勢を求めた。大正八年（一九一九）二月には、韓国人留学生が東京神田の基督教青年会館で独立宣言書を発表した（二・八独立宣言）。

さらに、その年の三月一日に韓国でキリスト教や天道教《てんどうきょう》の団体が中心となって大がかりな独立運動がはじまった。三・一独立運動である。これに対し、総督府が武力を用いて鎮圧した。このときの独立運動は約二か月にわたって朝鮮半島を大混乱におとしいれ、多くの死者を出してようやくおさまった。

三・一独立運動（1919）

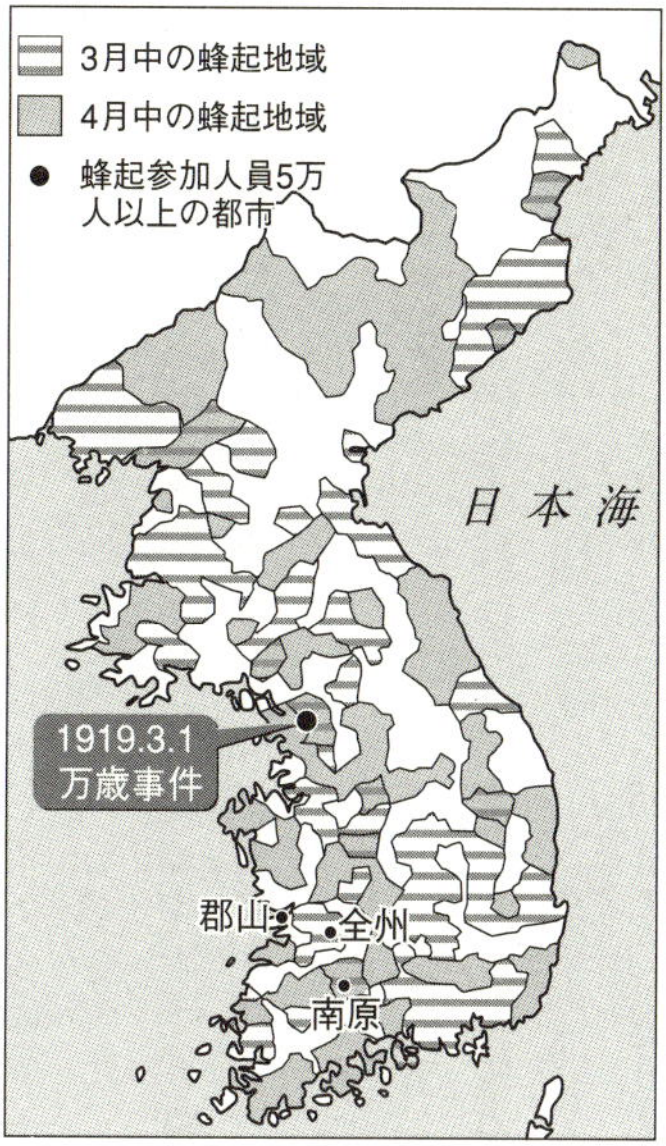

この事件のあと朝鮮総督になった斎藤実《まこと》は、文化政治を唱え、韓国人の権利をあるていど認める方向をとり始めた。これによって、はじめて『東亜日報《とうあにっぽう》』、『朝鮮日報《ちょうせんにっぽう》』という韓国語の新聞の発行が許された。

このあとも、武力による抗日運動

がいくつか起こった。そして、日本と中国との戦争がはじまると、韓国の民族主義者の中から中国と結んで独立運動をくり広げる者が出た。

こういった中で、一九四〇年に重慶《じゅうけい》で中国国民党と連携する光復軍《こうふくぐん》ができ、一九四一年には延安《えんあん》で共産党と組む朝鮮義勇軍が組織された。

■南北分断と朝鮮戦争

日本が太平洋戦争に敗れたことによって、韓国は独立のみちを歩みはじめた。太平洋戦争のおわりにソビエト連邦が参戦し、中国東北地方をへて朝鮮半島に迫る勢いをみせると、アメリカは北緯三八度線を境とする朝鮮半島の分割占領を提案した。

この合意は日本が降伏を発表した八月一五日に出された。このあと、朝鮮半島北部ではソビエト連邦の後押しをうけた北朝鮮臨時人民委員会が、親日派を一掃し、社会主義的な土地改革を断行した。

これに対し、朝鮮半島南部ではアメリカ軍政府が、左派勢力を非合法化して弾圧した。こういった流れをうけて、一九四八年八月一五日に大韓民国、同年九月九日に朝鮮民主主義人民共和国が樹立された。

朝鮮の南北分立

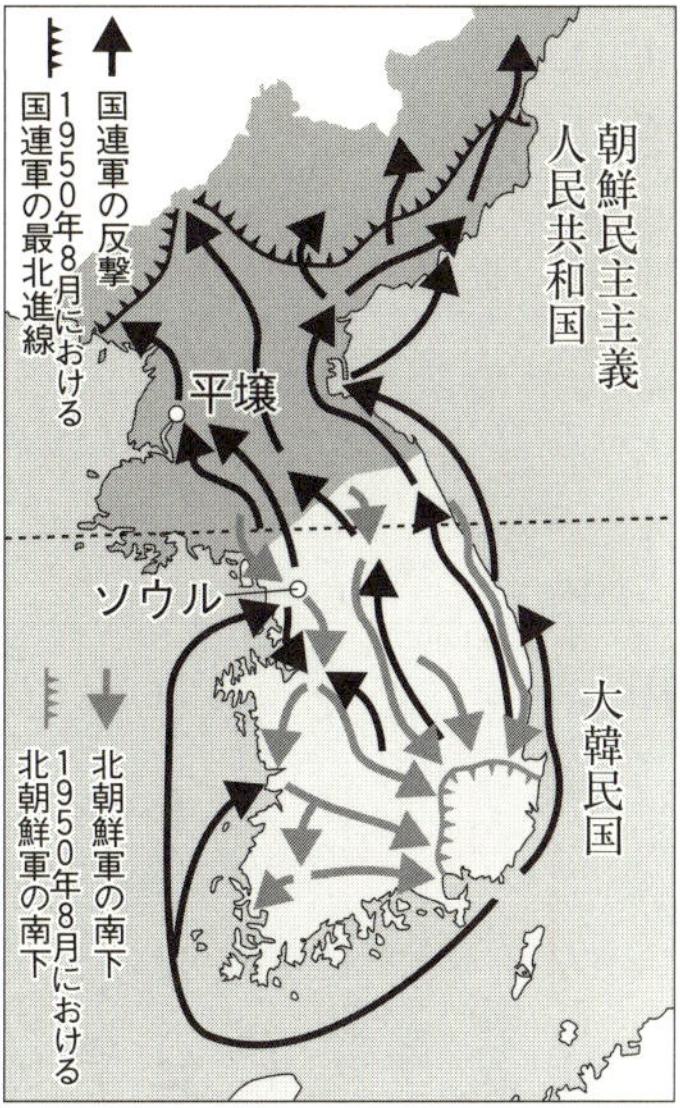

このとき、二つの国の政府はいずれも、自国が朝鮮半島における唯一の政府であると主張した。

一九五〇年六月二五日、朝鮮民主主義人民共和国の軍勢が、朝鮮半島統一をもくろみ三八度線を越えて大韓民国に攻めこんだ。朝鮮戦争のはじまりである。

戦いは、国連軍（アメリカ軍）や中国軍が加わって長期化した。そして、一九五三年七月二七日、三八度線を境界とする休戦協定が成立した。

このあと、北と南の政府は臨戦態勢のまま統治機構の整備や経済政策に力を入れることになった。そして、この情勢は今日までうけつがれている。

38　日韓の今後

■日韓の近さ

最後に全体をまとめつつ、日韓の今後のありかたを探る考察を行ないたい。

民族の系譜でみたばあい、日本と韓国とは互いに近い関係にある。きわめて古い時代から日本民族と韓民族とが別々に存在したわけではない。日本民族も韓民族も、さまざまな系統のアジア人が混血してつくられたのである。

日本民族の先祖の一つとなった集団の中には、韓民族のそれと共通するものが多い。騎馬民族や弥生人とよばれる紀元前二世紀に朝鮮半島に居住していた人びとがそれにあたる。しかし、北方のツングース系の集団は、韓民族に多く入りこんでいるが、日本にはほとんどきていない。また、南方系の人は日本により多く移住してきた。

六世紀ごろまでは、日本と韓国とは民族的にも文化的にも近い関係にあった。ところが、新羅の朝鮮半島統一の動きと、聖徳太子のころから始まる日本の民族意識の高まりの中で、両者は互いに相手を自分と異なる集団と意識しはじめた。

そして、日本では天皇家のもとで、韓国では新羅、高麗、李氏朝鮮の諸王朝のもとで独自の文化が育てられていった。こうみてくると、日本民族と韓民族とが分かれてから、まだ一四〇〇年余りにしかならないことになる。

■神道と儒教

今日の韓民族の特性を一言でいえば、「韓国は儒教の国」となる。このことの理解なしに韓国人との交流はもてない。

韓国では父系血縁の親族関係を、きわめて重視する。男子中心の出自観念が長期にわたってうけつがれ、韓国の人びとは自家の系譜を記した族譜をつたえ、同姓同本の婚姻が禁じられている。

同姓で同じ本貫《ほんがん》（ポングァン・氏族の出身地、始祖とされる人物の由縁の地名）の者は、父系の系譜上の関係がどんなに遠くても、同族とみなされ結婚できないのである。

韓国では、このような親属制度のうえに立つ祖先の祭祀などの儒教儀礼が重んじられる。

さらに、儒教の教えが日常生活のすみずみまで深く浸透しており、人びとは儒教の規範に立った正しい生き方をまもろうと心がける。

このことにより、韓国人は儒教の考えにあわないことは許せないとする。そこから私たちの、韓国人は議論好きで自己主張がつよい、とする印象がつくられている。

これに対し、日本人は自己主張を押さえる奥ゆかしさが美徳で、指導者（政治家、企業の経営者、上司）を信用して黙ってついていく生き方をとりがちである。これは、神道や天皇制と深くかかわるものではあるまいか。

日本人は古くから山の神、川の神、海の神などがいて、人びとの生活を助けてくれるとするきわめて楽観的な宗教をうけついでいた。そして、天皇のような指導者も信用し「お上のやることはまちがいない」といった発想をとった。

企業活動などで韓国人とかかわる場合、私たちはこのちがいを十分認識して考え行動していかねばならない。とくに韓国人に対して「黙って私についてきなさい」といった態度をとることは絶対にさけたい。十分に話し合って、儒教的合理主義を身につけたかれらが納得する説明ができたときに、ようやくかれらを動かせるのである。

■経済交流の時代

今後、日本は韓国と対等な国際関係をもち、友好的な隣人として互いに高めあっていくことになると思われる。そして、これからは両者の経済面での交流がますます盛んになっていくと思われる。

大韓民国は、いまや先進工業国の列に加わりつつあるといってよい。一九八〇年代後半の大韓民国の経済成長はめざましかった。一九九七年ごろから韓国の経済発展にかげりが見えはじめたが、今後韓国はさまざまな改革により低成長の時代にあった経済を上手に築いていくと思われる。

一方、朝鮮民主主義人民共和国では、工業化が遅れ経済が低迷していたが、近年になって開放的な政策をとりつつあり、外資導入による新たな展開も期待しうる。

大韓民国と朝鮮民主主義人民共和国との交流をすすめる動きもさかんになってきている。とくに、二〇〇〇年に南北首脳会談が実現した意義は大きい。長い時間がかかるであろうが、韓民族はいずれ、一民族一国家を実現するのではあるまいか。

今日、日本と大韓民国との貿易や人的交流はさかんである。大韓民国に対するODA（政府開発援助）供与は、一九九〇年度でおわっており、ゆくゆくは経済的に対等の関係をとったうえでの共同事業や技術協力がすすんでいくと思える。

一方、日本と朝鮮民主主義人民共和国との間では、政府間の正式の国交のない不幸な情況が続けられてきた。

日朝国交正常化交渉がすすめられ、両国間の貿易もなされてはいるが、日本と朝鮮民主主義人民共和国との友好を確立することは、今後の課題である。それが、韓民族の統一国家づくりと同程度に難しいことも確かであるが、それは両者の経済交流をすすめることをつうじて徐々に実現していくのではあるまいか。

年代		韓国と日本のできごと	韓国	中国
室町	1338	室町幕府成立		明
	1392	日本の南北朝合一。李成桂、朝鮮国を建国	朝鮮	
	1401	足利義満、朝鮮国へ遣使		
戦国	15世紀半～16世紀	後期倭寇		
	1510	三浦の乱		
	1575	李氏朝鮮で党争はじまる		
安土桃山	1587	豊臣秀吉、朝鮮国王来日を要求		
	1591～96	文禄の役（壬辰倭乱）		
	1597～98	慶長の役（丁酉再乱）		
江戸	1607	朝鮮国、回答兼刷還使派遣（江戸幕府への第１次派遣）		
	1804	李氏朝鮮で勢道政治はじまる		清
	1811	朝鮮国、通信使を対馬まで派遣（第12次）。最後の通信使となる		
	1863	李氏朝鮮で大院君政権成立		
明治	1875	江華島事件		
	1882	壬午事変		
	1884	甲申事変		
	1894	日清戦争。甲午農民戦争		
	1897	朝鮮国、「大韓帝国」と改称	大韓帝国	
	1904	日露戦争		
	1910	韓国併合条約。以後約35年間朝鮮半島は日本の植民地となる	日本領	中華民国
大正	1919	三・一独立運動		
昭和	1941～	太平洋戦争		
	1945	日本無条件降伏。朝鮮半島は植民地支配から解放（光復）		
	1948	大韓民国・朝鮮民主主義人民共和国設立	大韓民国／朝鮮民主主義人民共和国	中華人民共和国
	1950～53	朝鮮戦争		
平成				

佐賀県立名護屋城博物館 資料より作成

韓国と日本の歴史年表

年代		韓国と日本のできごと	韓国	中国
旧石器	約1万年前	氷期が終わり、日本列島が形成		
縄文				殷
				周
				春秋
				戦国
弥生	前2世紀ころ	稲作・金属器が北部九州に伝来。日本で農耕生活が始まる		
	前1世紀ころ	倭人は百余国にわかれ、一部は前漢の楽浪郡に朝貢	韓、高句麗など	前漢
				新
	57	倭の奴国が後漢に遣使、印綬を受ける		後漢
				魏呉蜀
	313	高句麗、楽浪郡を滅ぼす		西晋
古墳	391～404	日本、高句麗と戦う（高句麗好太王碑文（414））	百済、加耶（加羅）、新羅、高句麗	
	5世紀末	技術を持った渡来人たちが大和政権に組みこまれる		南北朝
	538	百済の聖明王による仏教公伝		
	562	加耶の主要部分が新羅に併合される		
飛鳥/白鳳				隋
	660	百済、唐・新羅連合軍によって滅亡		
	663	白村江の戦い		
	668	高句麗滅亡		
	676	新羅、朝鮮半島を統一	新羅	唐
奈良			渤海	
平安	907	唐滅亡		五胡十六国
	926	遼（契丹）、渤海を滅ぼす		
	935	高麗、新羅を滅ぼし朝鮮半島を統一		
	979	宋、中国を統一		遼、宋
	1125	金（女真）、遼を滅ぼす		金、南宋
鎌倉	13世紀中葉	倭寇の活動が始まる	高麗	
	1259	高麗、モンゴルに服属する		蒙古
	1274	文永の役		
	1281	弘安の役		
	14世紀後半	倭寇、高麗の沿岸をたびたび侵す（前期倭寇）		元

人生を自由自在に活動《プレイ》する

INTELLIGENCE PLAYBOOKS

人生の活動源として

いま要求される新しい気運は、最も現実的な生々しい時代に吐息する大衆の活力と活動源である。

文明はすべてを合理化し、自主的精神はますます衰退に瀕し、自由は奪われようとしている今日、プレイブックスに課せられた役割と必要は広く新鮮な願いとなろう。

いわゆる知識人にもとめる書物は数多く窺うまでもない。

本刊行は、在来の観念類型を打破し、謂わば現代生活の機能に即する潤滑油として、逞しい生命を吹込もうとするものである。

われわれの現状は、埃りと騒音に紛れ、雑路に苛まれ、あくせく追われる仕事に、日々の不安は健全な精神生活を妨げる圧迫感となり、まさに現実はストレス症状を呈している。

プレイブックスは、それらすべてのうっ積を吹きとばし、自由闊達な活動力を培養し、勇気と自信を生みだす最も楽しいシリーズたらんことを、われわれは鋭意貫かんとするものである。

—創始者のことば— 小澤和一

読者のみなさんへ

この本をお読みになって、特に感銘をもたれたところや、ご不満のあるところなど、忌憚のないご意見を当編集部あてにお送りください。

また、わたくしどもでは、みなさんの斬新なアイディアをお聞きしたいと思っています。

「私のアイディア」を生かしたいとお思いの方は、どしどしお寄せください。これからの企画にできるだけ反映させていきたいと考えています。

なお、採用の分には、記念品を贈呈させていただきます。

青春出版社　編集部

韓国《かんこく》と日本《にほん》の歴史地図《れきしちず》　INTELLIGENCE PLAYBOOKS

2002年4月15日　第1刷

著　者　武光《たけみつ》　誠《まこと》

発行者　小澤源太郎

責任編集　株式会社プライム涌光

電話　編集部　03(3203)2850

発行所　東京都新宿区若松町12番1号　〒162-0056　株式会社青春出版社

電話　営業部　03(3207)1916　振替番号　00190-7-98602

印刷・図書印刷　製本・宮本製本

ISBN4-413-04017-1